Diogenes Taschenbuch 24673

Kaffee

Geschichten zum Wachwerden

Mit einer exklusiven Geschichte
von Shelly Kupferberg

Ausgewählt von Margaux de Weck
und Elke Ritzlmayr

Diogenes

Die Herausgeberinnen danken
Adrian Asllani für seine Mitarbeit
Nachweis am Schluss des Bandes
Covermotiv: Siebdruck von
Christoph Niemann, ›Coffee‹
Copyright © Christoph Niemann

Originalausgabe
Alle Rechte an dieser Ausgabe vorbehalten
Copyright © 2022
Diogenes Verlag AG Zürich
www.diogenes.ch
80/22/36/1
ISBN 978 3 257 24673 5

Inhalt

DORIS DÖRRIE

Blümchenkaffee

Ich liebe Kaffee. Als ich als Jugendliche von »Caro«-Kaffee auf echten Bohnenkaffee umsteigen durfte, war ich stolz wie eine Primelkönigin. Kaffeetrinken war ein Synonym für Erwachsensein. Ich trank Espresso und kam mir mondän vor, türkischen Kaffee und fühlte mich kosmopolitisch. Im Sommer gab es Eiskaffee mit Schlagsahne und Vanilleeis, Cappuccino wurde grundsätzlich mit Sahne serviert. Ich trank literweise Filterkaffee, der in allen Filmproduktionsbüros aus riesigen Kaffeemaschinen rann und stundenlang vor sich hin köchelte, bis er nach grenzenloser Verbitterung über die Gesamtsituation schmeckte.

Und dann fingen mit einem Mal alle an, italienischen Cappuccino mit Milchschaum zu trinken, und fühlten sich über die Maßen gebildet, wenn sie grammatikalisch korrekt zwei Cappuccini bestellten. Ich trank nun auch morgens, mittags, abends Cappuccino, was kein Italiener versteht, denn in Italien ist um 12 Uhr Schluss damit, ab da trinkt man nur noch Espresso. Die Steigerung von Cappuccino war »die Latte macchiato«, die korrekterweise »der Latte macchiato« heißen muss, aber das sagt man lieber nicht bei uns, sonst wird man knallhart korrigiert. In Amerika beschwerte ich mich über den schwachen Blümchenkaffee, aber liebte die freien »refills«. Bald hieß es, zu viel Kaffee sei gesundheitsschädlich und führe zu Herzproblemen und Falten, aber kaum wollte ich deshalb meinen Kaffeekonsum einschränken, eröffnete an jeder Ecke ein Starbucks.

Als Kette verabscheut, lümmelte ich mich dennoch ab und an gern in den lila Sofas und freute mich über meinen falsch geschriebenen Namen auf dem Pappbecher. Kaffeekochen war plötzlich eine höchst komplizierte Angelegenheit, für die man die Ausbildung zum Barista brauchte. Kurz nachdem ich endlich begriffen habe, dass die kleinste Größe bei Starbucks »tall« heißt, ist jetzt bald wieder Schluss mit Starbucks, denn mit einem Mal sehen wir nicht mehr ein, warum wir uns jahrelang ewig angestellt haben, um schlechten und übeteuerten Kaffee zu trinken und die Welt mit Pappbechern zu überziehen.

Inzwischen haben wir ja alle unsere eigene Kapselkaffeemaschine zu Hause, für die George Clooney so schön Reklame gemacht hat, auf dass wir umgerechnet pro Kaffee ein Vielfaches zahlen und die Aluminiumvorkommen der Welt ausbeuten, bevor wir die Kapseln in den ungetrennten Müll schmeißen und mit schlechtem Gewissen beim Filterkaffee unserer Ahnen schwören, nur noch recyclefähige Kapseln zu verwenden oder die gebrauchten brav zurückzubringen. Bevor wir das wirklich in die Tat umsetzen, sind die Kapseln schon wieder out, denn jetzt trinken wir gebrühten Kaffee, für den wir allerdings eine lachhaft teure Maschine benötigen, die eher an ein Chemielabor erinnert als an simples Kaffeekochen. Und neuerdings ist Kaffeetrinken sogar gesund – allerdings nur bei drei bis vier Tassen am Tag. Zwei oder fünf sind weiterhin schädlich. Und wie groß muss die Tasse sein? Mir wird das Kaffeetrinken zu kompliziert, ich glaube, ich steige um auf Tee. Wenn nur nicht die Teezeremonie wäre.

DONNA LEON

Der perfekte Cappuccino

In Venedig den perfekten Cappuccino zu finden sollte doch eine einfache Sache sein: Man geht in eine Bar oder Pasticceria und bestellt einen. Von wegen, in Venedig ist nichts einfach, weder sechs Flaschen Mineralwasser nach Hause zu bringen noch einen Klempner zu finden noch den perfekten Cappuccino zu finden.

Ende der Neunzigerjahre, als ich in eine neue Wohnung zog, begann ich ins Didovich am Campo Santa Marina zu gehen: Die Croissants waren herrlich, der Cappuccino akzeptabel. Weil ich ein Gewohnheitstier bin, ging ich auch weiter dorthin, als meine Freunde zu sagen begannen, der Cappuccino sei nicht sonderlich gut. Doch inzwischen kannte ich die Frauen hinter der Theke, war mit dem Besitzer per Du, lief dort oft Freunden über den Weg und tauschte jeden Morgen Scherze mit Mille aus, dem bosnischen Bettler, der am Fuß der Brücke sitzt, die zum Krankenhaus führt.

Wenn ich mich in einem anderen Teil der Stadt befand, trank ich gelegentlich einen Cappuccino, und sie schmeckten immer besser, besonders bei Gobetti, aber ich wollte doch wohl kaum jeden Morgen nur wegen eines Cappuccinos den ganzen Weg nach Ponte dei Pugni gehen, oder? Außerdem konnte meine beste Freundin Roberta jeden

Morgen auf dem Weg zur Arbeit einfach bei mir vorbeikommen und klingeln, und dann gingen wir weiter ins Didovich. Wenn ich die Bar wechselte, wer würde Mille nach seiner neuen Enkelin fragen oder stehen bleiben, um sich ihre Fotos anzusehen?

Dann, innerhalb von zwei Monaten, verschwand Mille, und drei der Frauen hinter der Theke im Didovich kündigten. Eines Morgens fragte mich die neue Bedienung, ob ich Kakaopuder auf meinem Cappuccino wolle. Wo war ich, im Starbucks?

Ich informierte Roberta, und am nächsten Morgen begannen wir die Suche nach einer neuen Bar. Milani an der Strada Nuova hatte den Besitzer gewechselt, und der Kaffee taugte nichts mehr; das Brasilia ist nicht mehr dasselbe, seit es die alten Eigentümer verkauften. Es gab immer mehr chinesische Bars, aber ich dachte: Wenn das Essen in den chinesischen Restaurants durchweg schlecht ist und sie ein paar Tausend Jahre Zeit hatten, es zu verfeinern – wie sollen sie dann einen Cappuccino hinbekommen? Rosa Salva am Campo San Giovanni e Paolo war zu weit weg, und ich hatte keine Lust, Roberta den ganzen Arbeitsweg bis zum Campo San Maurizio zu begleiten, nur damit wir im Ex-Häagen-Dazs am Campo Santo Stefano vorbeischauen konnten, wo der Kaffee ausgezeichnet ist und das Gebäck von Gobetti kommt – bis auf die Croissants: Tiefkühl-Croissants, die aufgebacken werden.

Die Bar um die Ecke verwendet UHT-Milch, und diejenige gleich hinter dem Miracoli hat zwar Illy-Kaffee, aber die gleichen tiefgekühlten Croissants. Das Undenkbare rückte bedrohlich näher: Frühstück zu Hause.

Doch dann lösten sich die Wolken auf, und wir entdeckten das Ballarin wieder. Man könnte die Zeitspanne, die jemand in Venedig lebt, daran radiokarbondatieren, wie er das Ballarin nennt. Es trägt diesen Namen nun schon etwa vier Jahre, davor hieß es Zanon und noch früher Marchini, sodass es für einige Leute das Ex-Zanon ist und für andere das Ex-Marchini. Viele verraten ihr Neusein in der Stadt, indem sie sich mit dem Namen Ballarin darauf beziehen. Es liegt gerade um die Ecke vom Warenhaus Coin, gegenüber von Rizzo, und hat wunderbares Gebäck und hervorragenden Cappuccino. Es ist sehr klein, immer voll, die Bedienung ist höflich und sehr schnell, und es droht dort, glücklicherweise, keine Kakaogefahr.

FRANK BERZBACH

Leben im Café ist eine Existenzform
der Schönheit

Die Geschichte des Kaffees ist verbunden mit der Tradition der europäischen Kaffeehäuser, in denen sich die Intellektuellen der Aufklärung trafen, in denen debattiert wurde und in denen republikanische Zeitungen auslagen. Bis heute verorten wir den modernen Dichter im Café. Die berühmten Kaffeehäuser in Wien, die legendären Cafés in Paris und vor dem Zweiten Weltkrieg auch in Berlin böten genug Stoff, um eine ganze Literaturgeschichte zu schreiben. Jean-Paul Sartre, schreibend im Café, bietet ein Urbild dieser öffentlichen Schönheit. Als ich zum ersten Mal im Café Hawelka in Wien saß, ein gemessen an der sonstigen Opulenz zurückhaltender, dunkler Raum mit niedriger Decke, da lief der alte Hawelka, über 90-jährig, noch darin herum und legte alle Viertelstunde den Gästen zwei oder drei Zeitungen auf den Tisch. Er folgte einer in Fleisch und Blut übergegangenen Routine, knallte die Zeitungen auf die kleinen Tische und störte sich gar nicht daran, dass die Leute davon eher irritiert waren. Manchmal griffen die Söhne (oder Enkel?) moderierend ein und führten den alten Herrn zurück zu seinem Stuhl, von wo aus er alles beobachtete. Ich schrieb das in mein Reisetagebuch; hier hatte auch Heimito von Doderer gesessen und geschrieben. Die Kaffeehauskellner im dreiteiligen schwarzen Anzug, der »Verlängerte« auf einem kleinen Silbertablett, neben dem Glas Wasser, auf dem der Löffel liegt, der Verzicht auf störende Musik und der heilige Lärm der Siebträger und Kaffeemühlen, Zeitungsrascheln und Gespräche. Das Kaffeehaus ist ein Ort, der eine verlässlich gleiche Kuchenauswahl bietet, stilvolle Kellner, die ihren ehrenwerten Beruf ausüben, auf jeden leicht abfällig herabblicken, aber einen generell in Ruhe lassen. Schon sie suggerieren, dass das kein Ort zum Quatschen ist. Die besondere Existenzform im Kaffeehaus bietet eine Einsamkeit, die von internationalen Zeitungen gerahmt wird, einer guten Auswahl zwischen »Melange« und »Einspänner«, in denen Turnschuhe die falsche Wahl sind und alte Damen Bridge spielen. Auch das Café Bräunerhof, in dem Thomas Bernhard gesessen hat, ist kein Barocktempel. Ich habe mich einmal auf den Platz gesetzt, auf dem er saß, als er für eine dann berühmt gewordene Fotografie abgelichtet wurde. (Nichts geschah.) Thomas Bernhard soll, nur um eine bestimmte Ausgabe einer Zeitung zu bekommen, einmal durch halb Österreich gefahren sein. In der Regel erfüllen die Kaffeehäuser das Bedürfnis nach anspruchsvollen Druckerzeugnissen zuverlässig; man muss nur jeden Tag dort sitzen, um keine Ausgabe zu verpassen – aber die tägliche Anwesenheit im Kaffeehaus dürfte für an Schönheit interessierte Menschen auch kein Problem darstellen.

Leider lebe ich nicht in Wien, aber ich würde einmal am Morgen hingehen (so wie die Italiener, die mit Espresso und Cornetto stilvoll in den Arbeitstag starten) und einmal am Mittag, um eine angemessene Pause zu haben. Leben im

Café, dies ist eine Existenzform der Schönheit – sie ist ungetrübt von den Risiken der abendlichen Gastronomie, die durch Alkohol verführt, und doch bietet sie die Möglichkeit und Verheißung eines Mittagsweins (zur Sachertorte). Das stabile, verlässliche Angebot, das klassische Kaffeehaus hat keine Tageskarte, schafft große Vertrautheit; ich weiß, welche Zeitungen ausliegen und manchmal sogar, zu welcher Uhrzeit ich welche Ausgabe mit höherer Wahrscheinlichkeit ergattern kann. Der Mensch ist ein Gewohnheitstier. Die schönsten Cafés sind inhabergeführt, und die Anwesenheit der Chefin oder des Chefs prägt alles; die Qualität des Espresso ist entscheidend und auch, ob die Menschen, die dort arbeiten, kompetent sind und Freundlichkeit ausstrahlen. Immerhin möchte man in seiner Pause, manchmal angespannt und griesgrämig, mit Samthandschuhen angefasst werden. Es ist ein großer Genuss, wenn die Angestellten schön sind, weil das ungeheuer beruhigt. Auch die Gäste sollten so sein, dass sie zur Beobachtung und zum Fantasieren anregen. Ich frage mich oft, was wohl die Menschen am Nebentisch beruflich treiben, woran sie denken; ihre nonverbale Sprache gibt darüber meist Auskunft. Ich schaue oder höre sofort weg, wenn ich mich über etwas ärgere, wenn mich Leute nerven (ihre Stimmen, ihre Gespräche, ihre Getränke, ihre Schuhe oder anderes), wenn ich finde, sie passen nicht ins jeweilige Café – doch all das geschieht selten. Es gibt dennoch Tage, da muss man sich wegsetzen oder sogar gehen.

Die große Patti Smith, wie viele andere Poeten, ist Café-Gängerin und sogar, wie viele Frauen, hätte sie selbst gern ein Café. Die Welt ist voll schöner Frauen, die davon träumen, ein schönes Café zu betreiben. Patti Smith ist so verwachsen mit ihrem Stammplatz, dass sie einmal entgeistert eine Frau ansprach, die dort saß. Dies sei ihr Platz, aber die Frau lachte nur, kämpfte um ihr Territorium und blieb sitzen. »Ich stand nur stumm da. Wäre dies eine Folge von *Inspector Barnaby,* würde man sie mit Sicherheit erdrosselt in einer wilden Schlucht hinter einer verlassenen Pfarrei auffinden. (…) Sie wird gehen, dachte ich. Aber sie ging nicht.«

Jeder, der Cafés liebt, kennt dieses Gefühl. Die Schönheit ist ein Paradies, aber manchmal sind seine Plätze besetzt. Oder angenehm fern: Ich mag den unerreichbaren Hochmut schöner Kellnerinnen; die stilvolle Herablassung Wiener Kellner; aber auch das offene Lächeln eines Menschen, der mich wie einen guten Freund bedient. Oft fügt sich alles: die richtige Zeitung, ein dunkler, sehr kräftiger (aber nicht saurer) Espresso, eine Schokoladenpraline dazu oder eine kleine Ecke guten Kuchens, betörende Musik im Hintergrund, das Interieur erzählt Geschichten, die Gruppenschönheit der Menschen. Wenn alles stimmt, bleibt es nicht bei der Lektüre, sondern ich beginne, Briefe zu schreiben. Es gibt zwei gute Orte, um Briefe zu schreiben: auf langen, angenehmen Bahnfahrten und in Cafés; am liebsten in einer fremden Stadt. Dort lässt sich dann auch Reisetagebuch schreiben. (Das Wichtigste dabei ist ein guter Füllhalter, ein Bleistift ohne Barcodeaufdruck und feines Papier.)

Espresso

Der schwarze Kaffee auf der Terrasse
mit Stühlen und Tischen prächtig wie Insekten.

Es sind kostbare aufgefangene Tropfen,
gefüllt mit der gleichen Kraft wie Ja und Nein.

Er wird aus dunklen Cafés hinausgetragen
und blickt in die Sonne, ohne zu blinzeln.

Im Tageslicht ein Punkt von wohltuendem Schwarz,
das schnell in einen bleichen Gast ausfließt.

Er ähnelt den Tropfen aus schwarzem Tiefsinn,
die bisweilen von der Seele aufgefangen werden,

die einen wohltuenden Stoß geben: Geh!
Inspiration, die Augen zu öffnen.

HANSJÖRG SCHNEIDER

Im Café und auf der Straße

Im Café an der Ecke sind Hunde gern gesehen. Ein Napf mit Wasser steht am Boden. Daneben liegt Trockenfutter. Wer vierbeinig hereinkommt, geht hin, lappt ein bisschen, frisst ein bisschen, knurrt ein bisschen.

Die Tiere sind klein, nicht größer als ein Huhn. Einige sind geschoren. Andere haben von Natur aus kurzes Haar. Keines scheint gefährlich zu sein. Aber alle schauen übertrieben frech in die Welt.

Es sind die Lieblinge älterer Frauen. Diese finden sie herzig. Einige sind an die Leine gebunden. Sie schauen zu Wassernapf und Trockenfutter hinüber. Sie möchten hingehen, lappen und fressen. Sie bellen plötzlich und steigen auf die Hinterbeine, bis ein kräftiger Ruck an der Leine sie zur Ruhe bringt. Dann legen sie sich hin, man hört ein leises Winseln. Auch die Frauen möchten gern essen. Sie schauen zu den Kuchen hinüber, die auf einem Tisch ausgestellt sind. Man sieht ihnen an, dass sie entschlossen sind, heute nichts Süßes zu sich zu nehmen. Man sieht auch, wie diese Entschlossenheit schwindet. Sie bestellen ein Stück Erdbeertorte. Erdbeeren sind gesund.

Fast alle sind dick. Sie haben nicht die schwere Massigkeit von Bäuerinnen, die den ganzen Tag arbeiten. Sie sind von einer weichen, unglücklichen Dicke, wie Frauen, die nichts weiter zu tun haben, als ihren Hund auszuführen.

Mich mögen die Köter nicht. Sie bellen, wenn ich hereinkomme, sie knurren und blecken die Zähne. Wenn ich zurückschimpfe, fällt ein Frauenchor über mich her.

Ich nehme meine Kaffeetasse und setze mich ans Tischchen draußen auf dem Trottoir. Autos gleiten vorbei. Drüben unter der Platane plätschert ein Brunnen, ruhig, kühl.

Vier Frauen kommen die Straße herauf in einer Reihe, sie haben sich eingehängt. Es sind Ausländerinnen, Bäuerinnen vielleicht aus dem Hochland Anatoliens. Die Großmutter trägt ein weißes Tuch um den Kopf. Die Tochter daneben stößt einen Kinderwagen, eine vierzigjährige starke Frau. Zu beiden Seiten gehen Töchter im Schulmädchenalter im gleichen geblümten Kleid. Ihre Blicke sind fest geradeaus gerichtet. Wer ihnen entgegenkommt, muss Platz machen. Sie selber weichen nicht. Sie gehen, als würde der Marsch tagelang dauern.

Beim Brunnen drüben bleiben sie stehen. Die Großmutter schiebt ihre Ärmel zurück, und die drei andern schauen zu, wie die alte Frau ihre Arme ins Wasser taucht.

Die Bar

Auf die Tische und Stühle hatte sich über Nacht leichter Tau gelegt. Es war ein frühherbstlicher Morgen, in der Luft lag der Geruch der noch schlafenden Kleinstadt, erdig, feucht. Die ersten Sonnenstrahlen wärmten das Trottoir, die alten Pflastersteine, die seit Hunderten von Jahren das rege Straßentreiben trugen: das Traben der Pferde, das Rollen der Kutschen, später der Automobile, die Schritte der Menschen, Prozessionen, Beerdigungen, Hochzeiten. Nur wenige Menschen waren um diese Uhrzeit schon unterwegs. Noch war es ruhig in der sonst so geschäftigen Straße im Zentrum der italienischen Kleinstadt.

Der Barbesitzer war jeden Morgen der Erste auf dem kleinen Corso. Fast jedenfalls. Denn immer, wenn er in aller Frühe die Rollläden seiner Bar hochkurbelte, stand *er* schon vor der großen Fensterscheibe. Pino. Der Sohn der Heiligen Madonna und von Karl Marx, wie er sich bezeichnete. Als solcher war er hier in der Gegend bekannt. Wie jeden Morgen wartete er darauf, dass der Barbesitzer die Schlösser der draußen angeketteten Tische und Stühle aufschloss, damit er, Pino, mit seiner täglichen Arbeit beginnen konnte. Seit Jahren hatten sie eine stille Verabredung: Pino arrangierte des Morgens draußen die Tische und Stühle für die Gäste der Bar, dafür bekam er, dessen

Zuhause die Straßen und Treppeneingänge der Stadt waren, ein Frühstück kredenzt: ein ofenwarmes Gebäck und dazu einen Kaffee. Den ersten des Tages. Den ersten der Bar. Den ersten der großen Maschine. Zuvor band sich der Barbesitzer eine schwarze Schürze mit weißen Nadelstreifen um und überprüfte zunächst alle Einstellungen der Kaffeemaschine: Je nach Wetter musste die Mahlung angepasst werden. Ob ein Gewitter aufzog, Regen oder Nebel – vor allem in den Herbst- und Wintermonaten galt es hierauf zu achten, damit der Kaffee die optimale Konsistenz, das optimale Aroma entwickelte. Pino war ein kritischer Genießer, seine Beurteilung dieses ersten Kaffees des Tages nahm der Barbesitzer ernst.

Während der Sohn der Heiligen Madonna und Karl Marx noch seine Espressotasse schlürfte und über die Welt nachsann, kamen bereits die ersten Gäste in die Bar: Die Gemüsemarktfrauen und -männer, die schon in den frühen Morgenstunden, fast noch in der Nacht, ihre Stände auf der Piazza um die Ecke aufgebaut hatten. Die Männer, die das Gemüse und Obst in immer gleicher Reihenfolge auf ihren Ständen präsentierten, Orangen und Auberginen zu großen Pyramiden stapelten, die Kräuter auslegten, den Radicchio, verschiedene Kohlsorten, und die Salate wie Blumenbouquets drapierten. Die Frauen, die Mangold und Spinat in großen Töpfen kochten und mit bloßen Händen anschließend die weichgekochten Blätter auswrangen, um daraus dampfende Knäuel zu formen, die sie feilboten. Rot waren ihre Hände und geschwollen. Für sie war es die erste Pause des längst begonnenen Arbeitstages.

Sobald die umliegenden Läden aufmachten, füllte sich die Bar, oftmals bildete sich eine Schlange am Tresen. Die morgendliche Trägheit wandelte sich in emsige Geschäftigkeit. Dann musste es besonders schnell gehen. Mit dem Tempo veränderte sich auch die Geräuschkulisse und läutete eine neue Phase des Tages ein: das Geklapper der weißen Untertassen und Tässchen, dazu der Löffel, das Rauschen und Dampfen der großen Kaffeemaschine, das Mahlen der Kaffeebohnen, das Ausschlagen des alten Kaffeesatzes, der eine oder andere Zuruf eines Kunden, was für ein Kaffee oder wie viele es sein sollten, das Auf- und Zuklappen des Ofens, in denen die Brioches aufgewärmt wurden. Die Bewegungen des Barbesitzers waren lange Jahre eingeübt, automatisiert. Fließend und flink führte er alle Aufgaben aus, ohne ein Zögern, ohne ein Innehalten.

Wenn der erste Ansturm vorüber war, erwartete der Barbesitzer zwischen den Touristen, den Passanten oder von Berufs wegen hier vorbeikommenden Stadtbewohnern seine ganz besonderen Gäste. Sie kamen jeden Tag. Jede und jeder von ihnen mit seinen oder ihren ganz eigenen Vorstellungen und Kaffee-Ansprüchen.

Die Bar, ein kleiner Kosmos. Jeden Tag verbindet der Kaffee die Leute hier für einen Augenblick in ihrem Leben, jeden Tag verbringen sie ein wenig Zeit miteinander – Menschen, die sich fremd sind und mit den Jahren und den vielen Kaffees doch eine seltsame, eine zufällige Gemeinschaft bilden; so hatte es bereits der Vater des Barbesitzers seinem Sohn immer gesagt.

Der Franziskaner-Mönch hinterließ stets eine Knoblauch-Zwiebelfahne, die von keinem in der Bar unbemerkt blieb, daran konnte auch der besonders starke Doppio nichts ändern. Die traurige Witwe, schwarzverschleiert, schien manchmal ein wenig Trost und Gesellschaft in der Bar zu suchen, doch beim Trinken ihres Kaffees mit einem Schuss Stravecchio starrte sie meist teilnahmslos in den Raum. Der Inhaber des Bekleidungsgeschäfts gegenüber kam nur, wenn sein präferierter Fußballverein am Abend zuvor ein Spiel gewonnen hatte, und rechnete dem Barbesitzer beglückt den Punktestand der Liga vor. Der Zeitungsverkäufer des Kiosks nebenan bat schon am Vormittag um einen kleinen Grappa, die Parfümeriebesitzerin lackierte sich gerne, ehe sie ihren Laden aufmachte, an der Bar ihre langen Fingernägel rot, sodass ihr Cappuccino regelmäßig kalt wurde, bevor sie ihn getrunken hatte, und der Barbesitzer ihr einen Neuen machte.

Wenn ›Il Maestro di Violino‹ kam, wusste jeder Bescheid: Es mussten immer vier Espressi gleichzeitig sein. In kleinen Abständen nebeneinander auf dem Marmortresen aufgereiht. Die Henkel der Tassen hatten alle in die gleiche Richtung zu weisen. Der Mann kam jeden Vormittag, es hieß, er sei Künstler, ein klassischer Musiker. Die grau melierten Haare verstrubbelt, die kleine Nickelbrille mit dicken Gläsern auf dem vorderen Teil der Nase sitzend, in Cordjackett und immer mit Fliege, wirkte er ein wenig wirr und staubig, älter als er, wenn man sich seine Hände ansah, in Wahrheit war. In jede Espressotasse rührte er mit Bedacht einen gehäuften Löffel Zucker und zog langsame Kreise in der dunklen Flüssigkeit. Danach trank er – je nach Laune und in Variationen mal vom einen, mal vom anderen Kaffee. Vielleicht folgte die jeden Tag neue Reihenfolge einer inneren Logik, einer Art Komposition, dachte sich der Barbesitzer.

Welcher, das blieb des Maestros Geheimnis. Vielleicht würde der Barbesitzer es eines Tages erfahren.

MARTIN SUTER

Sprachlosigkeit am Kaffeeautomaten

Attinger und Egglin stehen am Kaffeeautomaten.
Attinger: »Was sagst du?«
Egglin: »Nichts.«
Attinger: »Geht mir auch so.«
Egglin: »Geht allen so.«
Attinger: »Was soll man schon sagen?«
Egglin: »Worte reichen nicht aus.«
Beide schauen schweigend zu, wie sich sein Becher mit Espresso füllt. Gutfelder kommt.
Gutfelder: »Was sagt ihr?«
Attinger: »Nichts.«
Egglin: »Was soll man schon sagen?«
Gutfelder: »Alles, was man sagen würde, wäre banal.«
Attinger: »So ist es.«
Egglin nimmt seinen Becher. Attinger wirft einen Jeton in den Schlitz und schaltet von Espresso auf Kaffee. Das Mahlwerk rasselt. Ein dünner Strahl fließt ins Styropor.
Egglin: »Tja.«
Attinger: »Hm.«
Gutfelder: »Jaajaa.« Er nimmt einen Becher und wirft zwei Stück Zucker hinein.
Dörfler stößt dazu und schüttelt nur stumm den Kopf.
Attinger: »Wir hatten es auch gerade davon.«

Egglin: »Man weiß gar nicht, was sagen.«

Gutfelder: »Am besten, man schweigt.«

Attingers Kaffee ist fertig. Er nimmt ihn und bleibt unschlüssig bei den anderen stehen. Gutfelder stellt seinen Becher hin. Sie lauschen versunken den Geräuschen des Automaten.

Dörfler: »Da fehlen einem die Worte.«

Attinger nimmt einen Schluck Kaffee.

Egglin auch.

Gutfelder zieht vorsichtig den Aludeckel von einem Sahnedöschen.

Dörfler starrt in seinen noch leeren Becher.

Rebmann tritt auf den Gang und kommt langsam auf sie zu.

Gutfelder greift sich seinen Becher, kippt den Inhalt des Sahnedöschens hinein und beginnt mit einem Plastikstäbchen im Kaffee zu rühren.

Dörfler stellt seinen Becher hin und schaltet zurück auf Espresso.

Rebmann hat sie jetzt erreicht.

Rebmann: »Was sagt ihr dazu?«

Dörfler: »Was soll man da sagen?«

Attinger: »Am besten nichts.«

Egglin: »Worte reichen nicht aus.«

Gutfelder: »Tja.«

Dörfler nimmt seinen Becher, Rebmann stellt seinen hin.

Rebmann: »Ich find's entsetzlich. Ich bin völlig fertig.«

Sie warten, bis Rebmann seinen Kaffee rausgelassen hat und damit am Ende des Gangs in seinem Büro verschwunden ist.

Attinger: »Manchen Leuten ist jeder Anlaß recht, um sich zu profilieren.«

ARTHUR SCHNITZLER
Erbschaft

Es war einer jener inbrünstigen Augenblicke, in denen ihn die Empfindung seines Glückes mit unwiderstehlicher Süßigkeit überkam. Er saß vor dem Café Impérial, an einem der kleinen Tische, die man aus den dunstigen Zimmern auf die offene Straße hinausgebracht hatte, wo die Strahlen der Sommernachmittagssonne sengend lagen. Er rauchte andächtig seine Havanna und dachte an Annette.

An Annette! An ihre großen, braunen Augen und an ihr schwarzes Haar, das sie im Sommer in Flechten trug. Er dachte an das Landhaus, das sie bewohnte, ganz nahe von Wien und doch einfach abgeschlossen, eine Villa, an deren Türe er ein- oder zwei-, auch dreimal in der Woche abends anklopfen konnte, um mit tausend Küssen von wilden, süßen Lippen empfangen zu werden. Und dann dachte er an den Gatten, der tagelang unsichtbar war und sonntags, wenn man doch einmal draußen mit ihm zusammentraf, sich nach Tisch auf den Diwan legte, mit halbgeschlossenen Augen Zigaretten drehte und rauchte.

Emil liebte ihn beinahe, diesen ernsten, gereiften Mann mit dem grauen Kopf- und Barthaar, und ein Gefühl von Hochachtung und Mitleid beschlich ihn, wenn er die hohe Stirne dieses ahnungslosen Betrogenen sah. Und nun dachte er jenes letzten Zusammenseins. Annette und er saßen neben dem kleinen Tischchen, auf dem der schwarze Kaffee stand, und ihre Augen glühten in die seinen, während sie aus der Schale schlürfte. Da fiel dem Gemahl die Zigarette aus der Hand. Er schlief. Annette lächelte und stand auf. Auf den Zehenspitzen eilte sie zur Tür, die in den Garten führte, und winkte Emil. Er folgte ihr langsam, während sie voranlief. Er fand sie zwischen zwei großen Bäumen auf der Hängematte liegen, mit schwellenden Lippen, feuchten Augen, mit verlangendem Atem! Sie küßte ihn und biß ihn in die Wange. Er mußte fast schreien. Doch erinnerte er sich an den Schläfer im Zimmer. Sie schien seine Gedanken zu erraten. »Der wacht nicht auf«, sagte sie, lachte und nahm Emils Kopf in die Hände und hauchte ihren warmen Atem über sein Haar.

... Doch wie, das alles geschah ja vor eben drei Tagen, wie kommt es denn, daß ich seitdem nicht draußen war, dachte Emil. Warum hat sie mir nicht geschrieben? Vielleicht finde ich einen Brief, wenn ich nach Hause komme. Einen jener Briefe, auf dem nur zwei Worte stehen: »Heute abend.« Und dann werde ich mich in das Kupee setzen und hinausfahren. Sie wird mir entgegenkommen, und wir werden den Waldweg einschlagen. Sie wird mir vielleicht, wie neulich, den letzten Brief zeigen, den ich ihr geschrieben, den sie am Busen verwahrt, den sie zerknittert, geküßt, ans Herz gepreßt hat ...

So dachte Emil und sah zugleich, ohne sich dessen recht bewußt zu werden, einen hochgewachsenen Mann in dunkler Kleidung von der anderen Seite der Straße auf das Kaffeehaus zukommen. Geradewegs zu dem Tische, an welchem Emil saß, nahm er den Schritt. Es war Annettens Mann! Schon zwei- oder dreimal des Sommers war er nachmittags ins Café Impérial gekommen, hatte eine Zeitung gelesen und war wieder gegangen. Jetzt setzte er sich nach einem höflichen und eiskalten Gruß an Emils Tisch, indem er sagte: »Ich dachte Sie hier zu finden.«

Emil fühlte eine leichte Beklommenheit, die er hinwegzuscherzen suchte. Er betrachtete lächelnd den schwarzen Anzug des Mannes und bemerkte: »So düster an einem schönen Sommertag?«

Der Herr achtete nicht auf die Worte und sagte nur kurz: »Ich habe Ihre Briefe gelesen.«

In Emil stieg eine schauerliche Ahnung auf, er lächelte aber wieder und entgegnete: »Ich habe Ihnen noch nie geschrieben.«

Im selben Augenblick kam ihm diese Antwort albern und elend vor. Der andere aber, ruhig wie bisher, fuhr fort: »Ihre Briefe an meine Frau.«

Emil zuckte zusammen. Er wollte etwas reden und nahm die Miene eines Beleidigten an. Zugleich traf ihn aber der Blick des andern, fürchterlich ernst, bannend: Emil brachte nur ein Wort mit gepreßter Stimme hervor: »Wieso …«

»Wieso ich sie gelesen habe?« setzte sein Nachbar fort. »Nun, sehr einfach. Ich habe sie geerbt.«

Emil starrte ihn an.

Ganz ruhig aber sprach jener weiter: »Annette ist gestern gestorben. Der Arzt sagt, ein Herzschlag, was für uns beide, glaube ich, gleichgültig ist. Als sie zusammensank, löste man ihre Kleider, ihr Mieder, man fand Briefe. Sie begreifen, daß ich einiges Interesse daran fand, meine Erbschaft sogleich anzutreten. Nach zwei Minuten wußte ich, daß Sie Annettens Geliebter waren.«

Vor Emil versank alles. Der schöne Sommertag, die sonnige Straße – er sah irgendeinen weißen Glanz, der ihm in den Augen wehe tat –, und der Mann im schwarzen Traueranzug saß regungslos mitten in diesem Glanze. Emil sah auch den Flor am Hute des Mannes, und zu seinem eigenen Erstaunen schoß ihm der peinliche Gedanke durch den Kopf, daß er auch sich einen solchen Flor um den Hut schlingen müßte. Sprechen aber konnte er keine Silbe.

Der andere fuhr fort: »Ich danke Ihnen, mein Herr, daß Sie es überflüssig finden, mir etwas zu erwidern. Sie ersparen uns eine längere Unterhaltung. Ich brauche Ihnen auch weiter nicht die letzten Gründe meines Kommens auseinanderzusetzen.« Er hielt ein und nahm den Hut ab, worauf er sich mit der Hand über Stirn und Augen fuhr.

»Ich stehe Ihnen jederzeit zur Verfügung«, brachte Emil tonlos, doch verständlich genug hervor.

»Ich erwartete nichts anderes«, entgegnete der Witwer. »Nur muß ich, so peinlich das auch sein mag, auf einige Eile in der Austragung dieser Angelegenheit dringen. Morgen mittag findet das Leichenbegängnis Annettens statt.«

»Also übermorgen früh«, meinte Emil, wobei sein Gesicht einen außerordentlich verbindlichen Ausdruck annahm, da einige Herren von den Nebentischen zu den zweien herüberschauten.

»Das wäre zu spät«, erwiderte ihm der Mann. »Ich muß Ihnen bemerken, daß es mein ethisches Gefühl beleidigen würde, wenn zur Zeit, da man meine ... die Tote in die Erde senkt, noch ihre beiden Männer die Möglichkeit hätten, an ihrem Grabe zu weinen … wenn überhaupt noch beide unter den Lebenden weilten. Sie sehen das ein?«

»Vollkommen«, erwiderte Emil, dem es unterdessen gelungen war, seine Haltung wiederzufinden. »Morgen früh also, wenn es Ihnen beliebt.« Er wollte aufstehen und sagte: »Wir können das übrige von diesem Augenblicke an den anderen Herren überlassen. Und was den Arzt anbelangt, so werde ich selbst …«

»Wir werden keinen nötig haben«, erwiderte ihm der Witwer, indem er sich erhob.

Jetzt erst gewahrte Emil große Schweißtropfen, die jenem von der Stirne ins Barthaar rannen. Während er den Hut wieder aufsetzte, bemerkte er noch: »Meine Wohnung ist Ihnen bekannt. Verständigen Sie gefälligst Ihre Herren Sekundanten, daß die meinen um acht Uhr abends in meiner Wohnung ihres Besuches gewärtig sein werden.«

Auch Emil stand auf. Der andere grüßte und ging gemessenen Schrittes auf die andere Seite der Straße. Emil, der mit einer leichten Verbeugung dankte, setzte sich wieder und griff mechanisch nach der Tasse schwarzen Kaffees, der noch unberührt vor ihm stand. Er trank und wunderte sich, daß er noch ganz warm war. Dann wollte er seine Zigarre frisch anzünden, sie brannte noch. Er fühlte, wie sein Herz klopfte, wie seine Beine zu zittern begannen, und er schämte sich. Nun wollte er fort, seine Sekundanten suchen. Leutnant Fechner von den Achter-Husaren und Doktor Willner hatte er dazu ausersehen. Es fiel ihm ein, daß er dem Kellner noch nicht gezahlt habe. Morgen, dachte er einen Moment lang. Da fuhr es ihm plötzlich durch den Kopf, daß es vielleicht kein Morgen früh für ihn gäbe. Es war ihm, als könnte er sich von seinem Sessel nicht erheben. Er sah ihn sich gegenüberstehen mit der Pistole in der Hand. Wer wird den ersten Schuß haben? Unwillkürlich schwebte ihm ein Bild aus einem Witzblatte vor, wo zwei Duellanten abgebildet waren, die beide mit Pistolen, beide zugleich getroffen, der Länge nach auf den Boden hinfallen. Er versuchte sich auf den Witz zu besinnen, der unter dem Bilde stand. Doch es gelang ihm nicht. Jene zwei Leute erhoben sich am Nebentische und gingen in den Kaffeehaussaal, während einer sagte: »Also eine Partie Karambole. Ich gebe dir zehn vor.«

Kann man heute Billard spielen, dachte Emil. Es kam ihm sonderbar vor. Jetzt erschien der Kellner, offenbar hatte Emil ihn gerufen, ohne etwas davon zu wissen. Er zahlte seinen Kaffee und stand auf. »Wenn Doktor Willner kommt, möge er auf mich warten, auch Leutnant Fechner.« Dann warf er seine Zigarre weg, die ihm nicht mehr schmeckte, und ging auf die Straße. Die Steine waren hart, die Füße schmerzten ihn. In einem Fiaker fuhr eine Schauspielerin an ihm vorüber, er mußte einen Moment stehenbleiben und sah dem hübschen Weibe voll und starr ins Gesicht. Er hätte aufschreien mögen. Jetzt erst dachte er an Annette …

Am nächsten Tage stand nur einer von Annettens Männern an ihrem Grabe. Der rechtmäßige! Der andre lag mit durchschossener Brust auf der Bahre. Auf der Stelle war er tot hingesunken, in das hohe, weiche Gras, und der Leutnant von den Achter-Husaren hatte ihm die Augen zugedrückt.

»Mein Lebtag werde ich daran denken«, erzählte der am

Abend seinen Kameraden im Kaffeehaus, »wie ich mit dem Toten in einem Fiaker mit herabgezogenen Rouleaux nach Wien zurückfahren mußte, weil kein anderes Fahrzeug zu finden war. Es war schauerlich. Das Blut auf seinem Hemde trocknete ein, und ich mußte den Kopf immer halten, damit er nicht vornüber sänke.«

Alle schwiegen und waren ernst. Es kam ihnen vor, als ob die Gasflammen trüber brannten und der Cognac kein Feuertrunk wäre wie sonst. Auch das Pferdebahngeklingel auf der Straße klang müde und traurig.

MARCO BALZANO

Das Leben wartet nicht

D ie Sonne scheint, geh bei den Chinesen einen Kaffee
trinken und setz dich in den Park zum Lesen. Soll-
test du schon vor dem Mittagessen wieder zurückkommen,
mache ich dir nicht auf!« Damit knallt sie die Türe zu und
dreht den Schlüssel zweimal um.

Die Mütze schief auf dem Kopf, den Schal über der
Schulter, stehe ich mit offener Jacke auf dem Treppenabsatz
wie eine Vogelscheuche. Dann kommt mir Signora Rovelli
entgegen, die Einzige, die mich grüßt, und ich schaffe es
nicht einmal, zurückzugrüßen.

Diese Chinesen sind besser, als ich dachte. Still, diskret. Der
Espresso ist allerdings eine miese Brühe. Er schmeckt nach
Sand. Das Lokal ist nicht besonders sauber und ziemlich
dunkel, weil sie einen Spielautomaten vors Fenster gestellt
haben. Aber sie selber sind freundlich und höflich. Als ich
ihm das Tässchen zurückgebe, fragt der junge Mann: »Ist
gut?« Ich erwidere: »Geht so«, und mache die entspre-
chende Handbewegung, denn mit Wörtern kommt man
hier nicht weit. Er verzieht bedauernd das Gesicht, und
daraufhin lächle ich ihn erst an, dann erkläre ich ihm ein-
dringlich, ebenfalls mit Gesten, dass sie den Kaffee frisch
mahlen und gut andrücken müssen. Es ist ein junges Paar,

und je länger ich die beiden ansehe, umso mehr kommen sie mir vor wie Kinder. Sie rühren mich, so ganz allein in einer Bar an der Via Jugoslavia, wo das Leben exakt genauso abläuft wie vor vielen Jahren im Bienenkorb an der Via Gorizia: Tagsüber sieht man keine Menschenseele, nur bei Arbeitsbeginn und Arbeitsschluss ist was los. Ich gehe hinter die Theke und reguliere ihm das Wasser an der Kaffeemaschine, diese Dummköpfe haben fünf bar eingestellt. Ich reguliere auch die Kaffeemühle, die zu grob mahlt. »Logisch, dass er bei dir verbrannt schmeckt, logisch!« Ich klopfe ihm freundschaftlich auf den Nacken, seine Haare sind so glatt wie Spaghetti. Nach allen Regeln der Kunst bereite ich einen Kaffee für ihn zu, mit haselnussbraunem Schaum obendrauf, der sich nicht einmal auflöst, wenn man die Tasse schwenkt. Sie schütteln mir die Hand und bedanken sich mit ihrem zeremoniellen Gehabe. Die Stimme der jungen Chinesin klingt wie das Miauen einer Katze. Sie wollen nicht, dass ich bezahle, aber ich lasse trotzdem einen Euro auf dem Tresen liegen.

Während ich Richtung Park gehe, denke ich an die beiden jungen Leute, vielleicht sind sie ja gar keine Kinder mehr, aber doch fast, wer weiß, das Alter dieser Schlitzis ist schwer einzuschätzen. Ich finde auch, dass es schön war, sich ohne Worte zu verständigen. Mit den Armen fuchteln, auf ein Blatt kritzeln, energisch hierhin und dahin zeigen. Auf diese Art sollte man immer kommunizieren, dann gäbe es keine Gemeinheiten, keine bösen Absichten, nur Gesten, wie bei den Kindern. Die Chinesen wissen nichts von mir, davon, was ich angerichtet habe, von meiner Geschichte als Emigrant, die vielleicht weniger hart ist als ihre eigene, da sie von so weit her gekommen sind. Sie schauen mich an, ohne zu sehen, was schon gewesen ist, und mit ihnen wäre es vielleicht wirklich möglich, neu anzufangen. Ja, denn die Unbekannten, das begreife ich, als ich mich im Park auf die kalte Bank setze, müssen dir nichts verzeihen. Nichts vergessen.

Gegen eins entvölkert sich die kleine Grünanlage, und ich bleibe allein. Vollkommen allein mit den leeren Bänken, dem Tretkarussell und den Krähen, die sich zwischen den Ästen der knorrigen Bäume verstecken, wo ab und zu der Wind durchfährt. Ich versuche zu spüren, ob rundum Frieden herrscht oder nur die Grabesstille des Viertels, aber es ist der Tag der Geheimnisse, ich begreife nichts. Ich schiebe das Buch in die Tasche, schmal, wie es ist, passt es hinein, und spaziere auf und ab. Ich muss zugeben, ich fühle mich nicht so schlecht wie daheim im Flur. Die frische Luft hilft.

Irgendwann überkommt mich ein seltsames Bedürfnis. Ich blicke mich um. Gemächlich nähere ich mich der Schaukel. Zuerst stupse ich sie mit dem Fuß an, wie man es bei auf der Straße liegenden Tieren macht, um herauszufinden, ob sie tot sind oder noch leben, und dann setze ich mich drauf. Hände um die kalten Ketten, Hintern auf das Holzbrett. Ich strecke die Beine und beuge meinen Hautundknochen-Körper vor. Ich schaukele. Erst langsam, dann schneller, schwungvoll und leicht. An einem bestimmten Punkt ist die Luft auf dem Gesicht wie Wind, und ich fühle mich nicht mehr schlecht, weil ich mich gar nicht fühle. Ich bin nur noch Luft. Luft auf dem Gesicht und offener Atem.

Beim Heimkommen erzähle ich es Maddalena. Sie mustert mich streng, dann fängt sie an zu lachen und sagt, während sie wieder in die Küche geht: »Bravo, hilf dir selbst, dann hilft dir Gott!«, und ein wenig beruhigt zünde ich mir am Fensterbrett eine Zigarette an.

Traktat über das Wiener Kaffeehaus

Wien ist die Stadt der funktionierenden Legenden. Böswillige behaupten, daß die Legenden überhaupt das einzige seien, was in Wien funktioniert, aber das geht entschieden zu weit. Wer sich an das depravierte, schlaff dahinvegetierende Wien der Zwischenkriegszeit erinnert oder an das von Bomben- und Besetzungsschäden durchfurchte Wien nach 1945, wird auf den ersten Blick feststellen können, zu welchem Vorteil es sich verändert hat und wie neuartig, wie real, wie legendenfern und legendenfremd diese Veränderungen sind. Ob es sich nun um die Bewältigung großstädtischer Verkehrsprobleme handelt, um die weiträumigen Untergrundpassagen an den überlasteten Straßenkreuzungen, um Rolltreppen und Wohnbauten, um Stadion und Höhenstraße, um die moderne Ausgestaltung der öffentlichen Gartenanlagen – ach, es ist viel geleistet worden, und auf den Plakaten einer Wanderausstellung über das heutige Wien, die vor kurzem durch etliche Städte der Bundesrepublik zog, prangte in großen Lettern der Slogan »Wien – die Stadt der Arbeit«, ohne daß ringsumher das schallendste Gelächter ausgebrochen wäre.

Indessen sind Siedlungshäuser und soziales Grün und neuzeitliche Verkehrsregelungen, wie verdienstlich sie auch sein mögen, keineswegs typisch für Wien. Das gibt's auch anderswo, und häufig gibt es anderswo nichts als das. Typisch für Wien, und nur für Wien, ist nach wie vor, daß die Legenden funktionieren. Und das werden sie tun, solange es Wirklichkeiten gibt, die sich nach ihnen richten. In Wien nämlich verhält sich's nicht so, daß die Realität eines Tatbestands allmählich verblaßt und legendär wird. In Wien entwickelt sich die Legende zur Wirklichkeit. Als die Wiener einander beim Heurigen lang genug vorgesungen hatten, wie gemütlich sie seien, konnten sie sich nicht mehr Lügen strafen und wurden gemütlich. Als Arthur Schnitzler in seinen Theaterstücken den Typ des »süßen Mädels« schuf, entstand das süße Mädel. Auch daß Wien je nachdem die Stadt der Lieder, eine sterbende Märchenstadt oder stets die Stadt meiner Träume sein soll, wurde erst durch die entsprechenden Texte stipuliert, und die Befürchtung drängt sich auf, daß im Prater die Bäume nicht blühen könnten, wenn sie vorher nicht die gesungene Bewilligung erteilt bekommen hätten. (Bei genauerem Zusehen wird man allerdings von einer schönen Konzessionsbereitschaft des Textdichters beruhigt: »Im Prater blühn *wieder* die Bäume«, sagt er ganz ausdrücklich und überläßt damit der Natur doch ein gewisses Prioritätsrecht.)

Wie immer dem sei: von den Lipizzanern der Spanischen Hofreitschule bis zu Burg und Oper, vom Restaurant Sacher bis zur Konditorei Demel ist es die Wirklichkeit, die der Legende nachkommt, ja geradezu nacheifert, sind es die funktionierenden Legenden, die das Charakterbild Wiens entscheidend mitbestimmen.

Die weitaus komplizierteste dieser Legenden ist das Wiener Kaffeehaus.

Versuchen wir, uns der Komplikation auf geradem Wege zu nähern. Bilden wir einen reinen, einfachen Aussagesatz:
»Ein Gast sitzt im Kaffeehaus und trinkt Kaffee.«

Man sollte meinen, daß dieser Satz an Klarheit nichts zu wünschen übrigläßt. In Wahrheit läßt er alles zu wünschen übrig. Er sagt zwar etwas aus, aber er besagt nichts. Kein einziger Begriff, mit dem er operiert, ist eindeutig. Vielmehr stellt sich sofort eine Reihe weiterer Fragen, von denen wir hier nur die drei wichtigsten anführen wollen:

1. Wer ist der Gast?
2. In welcher Art von Kaffeehaus sitzt er?
3. Was ist es für ein Kaffee, den er trinkt?

Die letzte Frage läßt sich am leichtesten – und für den Laien am leichtesten verständlich – beantworten. Auch dem Laien wird es einleuchten, daß man etwa in London nicht zur Cunard Line gehen und auf die Frage, was man wünsche, nicht einfach antworten kann: »Ein Schiff.« Ebensowenig kann man in ein Wiener Kaffeehaus gehen und einfach »einen Kaffee« bestellen. Man muß sich da schon etwas genauer ausdrücken. Denn die Anzahl der Gattungen, Zubereitungsarten, Farben und Quantitäten, unter denen es zu wählen gibt, hat keine Grenzen oder hat sie erst in nebelhafter Ferne, und wer da nicht irregehen will, wird gut tun, sich wenigstens ein paar Grundbegriffe einzuprägen. Sonst könnte er versucht sein, die Bestellung »Nußbraun«, die der Kellner soeben in lässiger Verkürzung an die Küche weitergegeben hat, lediglich für die Farbangabe des bestellten Kaffees zu halten, indessen sie sich doch in erster Linie auf das Größenmaß der Schale bezieht, in der er serviert wird; sie würde vollständig nicht etwa »eine Schale nußbraun«, sondern »eine Nußschale braun« zu lauten haben. »Nußschale« bezeichnet in sinnvoll-poetischer Chiffre das kleinste der drei gebräuchlichen Größenmaße. Das mittlere heißt »Piccolo« und darf nicht mit dem gleichnamigen Zuträgerlehrling verwechselt werden, der in der Kellnerhierarchie den untersten Rang innehat und sozusagen die Nußschale unter den Kellnern ist. Als oberstes Größenmaß gilt die »Teeschale«, die, wenn sie tatsächlich Tee enthält, nicht »Teeschale« heißt, sondern »eine Schale Tee« (unter »Tasse« versteht man in Wien die Untertasse).

Was die Zubereitungsarten betrifft, so muß man heute den »normalen« Kaffee oft schon eigens verlangen, sonst bekommt man automatisch einen nach der Espresso-Methode hergestellten. In vielen Lokalen gibt es gar keinen andern mehr, zumal in den kleineren, die sich zwei verschiedene Maschinen nicht leisten können und die rentablere Espresso-Maschine vorziehen. Der Espresso kann »kurz« oder »gestreckt« zubereitet werden, je nach der Menge des verwendeten Wassers. Als »Kurzer« verdrängt er allmählich den einst seiner Stärke wegen geschätzten »Türkischen«, der in der Kupferkanne gekocht und serviert wird. Der in Frankreich beheimatete »Café filtre« hat sich in Österreich niemals durchgesetzt. Und daß in den als »Espresso« bezeichneten Lokalen kein »normal« gekochter Kaffee ausgeschenkt wird, versteht sich von selbst.

Es war aber dieser »normale«, auf »Wiener« oder »Karlsbader« Art zubereitete Kaffee, der den Ruhm des Wiener Kaffeehauses begründet hat und die Vielfalt der möglichen Bestellungen bis heute gewährleistet, dem wir die »Melange« verdanken und den »Kapuziner«, den »Braunen« und die »Schale Gold« – Bezeichnungen, deren manche bereits offenbaren, in welchem Verhältnis Kaffee und Milch gemischt sind: bei der »Melange« zu ungefähr gleichen Teilen, bei der »Schale Gold« mit einem deutlichen Übergewicht der Milch, beim »Braunen« mit einem ebenso deutlichen Übergewicht des Kaffees, beim »Kapuziner« mit einem noch deutlicheren. Die Kenntnis dieser Kombinationen ist für eine halbwegs fachmännische Bestellung unbedingt erforderlich. Hinzu kommen der keiner Erklärung bedürftige »Schwarze« oder »Mokka«, der »Einspänner« (ein Schwarzer im Glas mit sehr viel Schlagobers), der »Mazagran« (ein durch Eiswürfel gekühlter, mit Rum versetzter Mokka) und eine schier unübersehbare Menge von Variationen der oben angeführten Grundfarben, je nach Neigung und Sekkatur des Gastes, und gewöhnlich durch ein an die Bestellung angehängtes »mehr licht« oder »mehr dunkel« angedeutet. Ein Perfektionist unter den einstigen Kellnern des Café Herrenhof trug ständig eine Lackierer-Farbskala mit zwanzig numerierten Schattierungen von Braun bei sich und hatte den erfolgreichen Ehrgeiz, seinen Stammgästen den Kaffee genau in der gewünschten Farbtönung zu servieren. Bestellungen und Beschwerden erfolgten dann nur noch unter Angabe der Nummer: »Bitte einen Vierzehner mit Schlag!« oder »Hermann, was soll das? Ich habe einen Achter bestellt, und Sie bringen mir einen Zwölfer!« Aber das waren Mätzchen, die über ihren engeren Ursprungsbezirk nicht hinauskamen und keine Allgemeingültigkeit beanspruchten, so wenig wie der »Sperbertürke«, ein doppelt starker, mit Würfelzucker aufgekochter »Türkischer«, den der Wiener Rechtsanwalt Hugo Sperber, im Café Herrenhof, vor anstrengenden Verhandlungen einzunehmen liebte; oder der »überstürzte Neumann«, die Erfindung eines anderen, Neumann geheißenen Stammgastes, die darin bestand, daß das Schlagobers nicht auf den bereits fertigen Kaffee, sondern auf den Boden der noch leeren Schale gelagert und sodann mit heißem Kaffee »überstürzt« wurde.

Die Kenntnis all dieser Nuancen und Finessen darf jedoch vom durchschnittlichen Kaffeehausbesucher schon deshalb nicht verlangt werden, weil auch der durchschnittliche Kaffeehauskellner heute nur über äußerst mangelhafte Kenntnisse verfügt und selbst im Allgemeingültigen nicht immer Bescheid weiß. Wie es denn überhaupt Zeit zu der Feststellung ist, daß vieles vom bisher Gesagten sich auf unwiederbringlich Vergangenes bezieht und daß im Wiener Kaffeehausleben sehr erhebliche, ja fundamentale Veränderungen vor sich gegangen sind.

Damit haben wir die verschiedenen Arten von Kaffee, die ein Gast in einem Wiener Kaffeehaus trinken kann (oder konnte), hinter uns gelassen und kommen zu unserer zweiten Frage, zur Frage nach den verschiedenen Arten von Kaffeehaus, die es gibt – und die es nicht mehr gibt. Weil aber zwischen Kaffeehaustypen und Gästetypen ein unlöslicher Kausalnexus besteht, weil sie einander formen und bedingen, wird in diesem Zusammenhang auch die Frage nach dem Gast zu beantworten sein, der im Wiener Kaffeehaus sitzt – und nicht mehr sitzt.

Es wäre ein aussichtsloses Unterfangen, das vielschichtige Phänomen »Kaffeehaus« auf einen Nenner bringen zu wollen. Seine Typen liegen zu weit auseinander. Jenes »kleine

44

Café in Hernals«, von dem ein populäres Lied der dreißiger Jahre zu singen und zu sagen wußte, daß dort »ein Grammophon mit leisem Ton an English Valse« spielt, hat so gut wie nichts mit dem als »Literatencafé« bekannten Typ gemeinsam; das gleißnerisch verchromte, meist an ein vornehmes Hotel angeschlossene Kaffeehaus der City so gut wie nichts mit dem kleinen, in einer engen Nebengasse gelegenen »Beisl«, das den Schweizern in der Gasthausform »Beitz« bekannt ist.* Periphere Erscheinungen wie die »Café-Konditorei« oder die »Jausenstation« draußen im Grünen können hier außer Betracht bleiben.

Anders und verwirrender verhält es sich mit dem »Café-Restaurant«, das um 1925 aufkam und lange vor dem »Espresso« die eigentliche, radikale Erschütterung der klassischen Kaffeehausatmosphäre mit sich brachte. Bis dahin hatte man – außer den zahllosen Arten von Weißgebäck und sonstigen Bäckereien (denen ein eigenes Kapitel zu widmen wäre) – im Kaffeehaus nichts »Richtiges« zu essen bekommen. Es gab belegte Brote und, wenn es unbedingt etwas Warmes sein mußte, ein Paar Würstel oder eine Eierspeise: Notlösungen, als solche gemeint und beabsichtigt. Denn ins Kaffeehaus kam man ja nicht *zum*, sondern *nach* dem Essen, nicht um der fleischlichen, sondern um der geistigen Nahrung willen. Der Einbruch von Küche und Keller in den Kaffeehausbetrieb, das Auftauchen umfangreicher Speisen- und Getränkekarten mit regulären »Menus« war mehr als ein bloß formaler Bruch mit jahrhundertealten

---

* Die schweizerische »Beitz« wurzelt ebenso wie das wienerische »Beisl« im hebräischen »Bajis« = Haus.

Traditionen. Es war die erste, verhängnisvolle Konzession an die veränderten Zeitläufte, ein Zurückweichen vor ihren materialistischen Tendenzen, ein resigniertes Eingeständnis, daß immer weniger Menschen bereit waren, für Colloquium und Convivium auch nur eine warme Mahlzeit zu opfern (oder diese Mahlzeit anderswo einzunehmen). Der Dienst am Kunden obsiegte über den Dienst am Geist.

Aber wie das in Wien schon geht, und wie es späterhin auch dem »Espresso« ergehen sollte: der Sieg wurde nicht ausgenützt, sondern nützte sich ab, versandete, verschlampte und blieb in jener Halbschlächtigkeit stecken, aus der noch stets die einzige Entscheidung erwachsen ist, die der Österreicher mühelos zu treffen vermag: keine Entscheidung zu treffen. In gewisser Hinsicht war es sogar ein Pyrrhussieg. Denn das große Kaffeehaussterben, das nach dem Zweiten Weltkrieg einsetzte, betraf hauptsächlich die Café-Restaurants und ging ohne Zweifel auch darauf zurück, daß für diese Mischform keine rechte Notwendigkeit mehr bestand. Im Gasthaus, wo man ohnedies besser und billiger essen konnte, gab es seit Einführung der Espresso-Maschinen auch sehr guten Kaffee (was früher nicht immer der Fall gewesen war), und wem es darauf ankam, Zeitungen zu lesen oder mit Freunden beisammenzusitzen, der hielt es lieber mit den »echten« Kaffeehäusern, die nach wie vor bestanden.

Und nach wie vor bestehen. Es kann gar nicht genug unterstrichen werden, daß sie es sind, die den Begriff des »Wiener Kaffeehauses« verkörpern, sie und nicht das Literatencafé, das man besonders im Ausland gerne mit dem Wiener Kaffeehaus identifiziert – verständlicherweise,

denn es waren notwendig Literaten, die über das Kaffeehaus schrieben, und sie stützten sich dabei notwendig auf
die Wahrnehmungen, die sie in »ihrem« Kaffeehaus, also
in einem Literatencafé gemacht hatten. Das Literatencafé
mag immerhin die ziselierteste Ausprägung des Kaffee-
hausbegriffs sein, aber es ist nicht repräsentativ für ihn, und
es stellt nicht einmal in sich einen fest umrissenen Typus
dar, der sich eindeutig definieren ließe. Eindeutig war, in
neuerer Zeit, immer nur das jeweils »führende« Literatencafé festzustellen, das Café Griensteidl etwa, wo sich um
1890 die Vertreter des damaligen »Jung-Wien« – Schnitzler, Hofmannsthal, Beer-Hofmann, Hermann Bahr – zu-
sammenfanden, und von dessen Abbruch Karl Kraus die
Anregung zu seiner ersten, noch vor Gründung der »Fak-
kel« erschienenen Streitschrift empfing (»Die demolirte
Litteratur«, 1896). Es folgte – mit Karl Kraus, Peter Altenberg, Egon Friedell und Alfred Polgar als sozusagen »grün-
denden« Stammgästen – das Café Central, das seinen Rang
bis zum Ende des Ersten Weltkriegs beibehielt und vom
Café Herrenhof abgelöst wurde, dem letzten der großen
Reihe, dessen Glanzbesetzung etwa durch die Namen Hermann Broch, Robert Musil, Franz Werfel und Joseph Roth
gekennzeichnet ist, und das nach dem Zweiten Weltkrieg
noch eine kurze, schon ein wenig asthmatische Renaissance
erleben durfte, ehe es zum Mittagstisch für die Beamten
der umliegenden Ministerien herabsank und 1960 endgültig
seine Pforten schloß.

Dies also waren die führenden, die Literatencafés im
engeren Sinn. Im weiteren Sinn entsprachen der gängigen
Vorstellung, die sich mit dieser Bezeichnung verband, mehr

oder weniger alle Kaffeehäuser, in denen eine gewisse Anzahl geistig und künstlerisch interessierter Menschen – das, was man heute »Intellektuelle« nennt – sich regelmäßig einfand. Solcher Kaffeehäuser gab es sehr, sehr viele, und solcher Kaffeehäuser gibt es heute nur noch sehr, sehr wenige.

Die Ursachen – politischer, soziologischer und technischer Art – liegen auf der Hand. Das Stammpublikum dieser Kaffeehäuser war, wie das geistig und künstlerisch interessierte Publikum insgesamt, zu großem Teil jüdisch. Vor 1938 lebte in Wien fast eine Viertelmillion Juden. Heute zählen sie knappe zehntausend. Das ist das eine, und daran ist nicht zu rütteln. Es macht sich wahrlich auch auf anderen Gebieten des öffentlichen Lebens geltend, aber auf keinem so nachhaltig und mit so einschneidenden Folgen wie hier. Was nicht etwa besagen soll, daß es in Wien keine Literaten, keine Intellektuellen, keine geistig und künstlerisch interessierten Menschen mehr gäbe. Natürlich gibt es sie. Aber sie sind nicht nur in ihrer Anzahl empfindlich reduziert, sie sind es auch in ihren Möglichkeiten zum Kaffeehausbesuch. Sie sind – und damit kommt die Soziologie ins Spiel – beschäftigt. Sie haben zu tun. Sie sind nur noch potentielle Kaffeehaus-Stammgäste, keine praktischen mehr. Sie bringen alle Erfordernisse eines Stammgastes mit, nur sich selbst nicht. Sie haben keine Zeit. Und Zeithaben ist die wichtigste, die unerläßliche Voraussetzung jeglicher Kaffeehauskultur (ja am Ende wohl jeglicher Kultur). Auch die Stammgäste der früheren Literatencafés waren beschäftigt: zum Teil eben damit, im Kaffeehaus zu sitzen, zum Teil mit Dingen, die sie im Kaffeehaus erledigen konnten und wollten. Dort schrieben und dichteten sie. Dort empfingen und beantworteten sie ihre Post. Dort wurden sie telephonisch angerufen, und wenn sie zufällig nicht da waren, nahm der Ober die Nachricht für sie entgegen. Dort trafen sie ihre Freunde und ihre Feinde, dort mußte man hingehen, wenn man mit ihnen sprechen wollte, dort lasen sie ihre Zeitungen, dort diskutierten sie, dort lebten sie: (Kürschners Literaturkalender verzeichnete jahrelang als Peter Altenbergs Adresse: »Café Central, Wien i.«) In ihrer Wohnung schliefen sie nur. Ihr wirkliches Zuhause war das Kaffeehaus.

Warum ist es das nicht mehr? Auch für jene nicht, die konstitutionell dafür geeignet wären? Liegt es an ihnen, daß sie im Kaffeehaus nicht mehr arbeiten können? Liegt es am Kaffeehaus?

Es liegt an ihrer Arbeit. Es liegt an der Technik, die sich mit Politik und Soziologie zu unheimlichem Trifolium zusammengeschlossen hat. Es liegt an dem, daß die heutigen Dichter direkt in die Schreibmaschine dichten, und die kann man ins Kaffeehaus nicht mitnehmen; daß sie ihre Hörspiele der Sekretärin diktieren, die man ins Kaffeehaus gleichfalls nicht mitnehmen kann (oder nicht zum Diktieren); daß auch der Produktionsleiter der Fernseh-Dramaturgie, der Programmdirektor der Funkabteilung »Kulturelles Wort« nicht ins Kaffeehaus kommen können, sondern in ihren Studios und Büros aufgesucht werden wollen – mit Recht, denn sie haben ebensowenig Zeit wie ihre Autoren und bekommen dafür ebensoviel Geld. Und selbstverständlich haben sie alle sowohl zu Hause wie im Büro ein Telephon, so daß sie nicht darauf angewiesen sind, sich im Kaffeehaus kostenlos anrufen zu lassen oder die sechs Minuten Sprechdauer, die ihnen der einmalige Münzeinwurf zugesteht, für drei Gespräche auszunützen. Nicht nur ihr eigenes Telephon haben sie, die meisten von ihnen haben auch ihr eigenes Auto. Das sind Berufsbehelfe. Das ist längst kein Luxus mehr. Ein Luxus ist es, Zeit zu haben. Noch die armseligsten Insassen der alten Literaturcafés konnten sich diesen Luxus leisten. Sie waren arm und selig. Geld zu verdienen galt ihnen beinahe als schimpflich. Zur Bezahlung der Zeche – wofern man sie nicht einfach schuldig blieb – waren die Mäzene da, die es gleichfalls nicht mehr gibt, und gäbe es sie, dann hätten sie gleichfalls keine Zeit. Die Insassen der heutigen Literaturcafés sind ihre eigenen Mäzene. Das Kaffeehaus ist nicht mehr das Um und Auf ihres Daseins, sondern bestenfalls das Drum und Dran. Es spielt keine Rolle mehr. Es ist ihnen gleichgültig, vielleicht sogar angenehm, aber nicht unentbehrlich. Sie können ins Kaffeehaus gehen, aber sie müssen nicht. Wenn sie hingehen, tun sie dem Kaffeehaus einen Gefallen, nicht sich. Es ist ihnen keine Lebensnotwendigkeit mehr, es ist nicht mehr der Humus, ohne den sie verdorren würden, ohne den sie nicht gedeihen könnten und nichts hervorbringen.

Denn die Produktivkraft des einstigen Literatencafés, im engern wie im weitern Sinn verstanden, war enorm. Im Kaffeehaus wurden literarische Schulen und Stile geboren und verworfen, vom Kaffeehaus nahmen neue Richtungen der Malerei, der Musik, der Architektur ihren Ausgang.

Überflüssig zu sagen, daß jedes dieser Kaffeehäuser seine eigene, unverwechselbare, eifersüchtig gehütete Note und

Atmosphäre hatte. Ein Stammgast des »Central« oder des »Herrenhof« hätte sich im »Museum«, dem Kaffeehaus der Maler, so fremd und verlassen und ausgestoßen gefühlt wie ein Stammgast des Musikercafés »Parsifal« im Journalistencafé »Rebhuhn«. Heute eignen Reste von Unverwechselbarkeit allenfalls noch dem »Raimund« und dem »Hawelka«, zwei echten Kaffeehäusern, jenes zur Literatur, dieses zur bildenden Kunst tendierend. Aber die Grenzen verfließen. Man sieht im »Hawelka« auch Schriftsteller und Journalisten, im »Raimund« auch avantgardistische Malerbärte, und Schauspieler in beiden. Unverwischte und unverfälschte Atmosphäre ist eigentlich nur noch dort zu finden, wo sie nicht von den Gästen abhängt, wo eine Lokalität als solche ihren eigenen Stil entwickelt und aufrechterhalten hat: beim »Demel«, oder in der von Wiens rebellischem Architekten Adolf Loos 1907 erbauten und unter Denkmalschutz stehenden »Kärntner-Bar«, oder in einigen der kleinen, versteckten Heurigen. Und das sind keine Kaffeehäuser.

Dennoch verfügen sie über Wesenszüge, die sie mit dem echten Kaffeehaus inniger verbinden, als das echte mit dem unechten verbunden ist. Zu diesen Wesenszügen gehören Kontinuität, Regelmaß, Selbstbescheidung, gehört die Fähigkeit, Grenzen zu ziehen und sie nicht zu überschreiten. Genau diese Wesenszüge wird man in den echten Kaffeehäusern finden, die trotz den Kassandrarufen oberflächlicher Reisefeuilletonisten und klischeefreudiger Untergangsstimmungsmacher keineswegs aussterben, sondern sich lediglich in die ihnen gemäßen Grenzen – welche sie kennen – zurückgezogen haben. Zurück aus der City, die sich auch hier, dem internationalen Reisepublikum zu schnödem Gefallen, einer so trostlosen Nivellierung anheimgibt, daß man in wenigen Jahren nicht mehr wissen wird, ob das Lokal, in dem man gerade sitzt, zu Wien oder Kopenhagen oder Buenos Aires gehört. In solchem Weichbild hat das Wiener Kaffeehaus nichts zu suchen.

Aber gleich jenseits des Rings, wo's auf die Gürtellinie zugeht und wo Wien noch Wien ist, lebt auch das Wiener Kaffeehaus unverändert weiter, mit unverrückbaren Stammtischen und Stammgästen, jahrzehntelang vom selben Ober betreut, mit Tarock- und Schach- und Billardpartien wie eh und je, mit Zeitungen für viele Stunden und immer neu herangetragenen Gläsern voll frischen Wassers, mit Abgeschiedenheit oder Gesprächen, mit Stille oder Geselligkeit ganz nach Wunsch. Und wenn nicht alles trügt, hat von dort her sogar ein Rückstoß eingesetzt, schickt das Kaffeehaus sich an, sein in der City verlorenes Terrain wieder zu erobern und zu kultivieren. Als vor etwa einem Jahrzehnt die ersten »Espresso« geheißenen Lokale sich auftaten, gebärdeten sie sich als völlig neuer Typ, taten wenig für die Bequemlichkeit und alles für die Eile des hastigen Großstädters, hießen ihn seine Konsumation im Stehen oder bestenfalls auf Barhockern vertilgen, offerierten unter schaurig eisgekühltem Glas allerlei vertrockneten Imbiß und ließen sich's überhaupt angelegen sein, ihrer Bezeichnung in jeder Weise gerecht zu werden. Aber schon bald begann es dort minder expreß herzugehen. Verstohlen und erst nur im Hintergrund tauchten kleine Tische und Stühle auf, die sich immer kühner nach vorn schoben und an denen man wenig später ein rechtschaffen belegtes Brot, ein Paar Würstel oder eine Eierspeise serviert bekam, ganz wie im echten Kaffeehaus. Und als das Lokal sich entweder rückwärts oder ins darübergelegene Stockwerk ausdehnte, als wie zufällig die ersten Mittagsblätter auf den Tischen herumlagen und allmählich die Morgenblätter und die wichtigsten ausländischen Zeitungen hinzukamen: da konnte es keinen Zweifel mehr geben, wo die Entwicklung hinsteuerte.

Wenn es schon nicht der reine Geist war, der hier obsiegte – der Geist des Kaffeehauses war es ganz gewiß. Der schlampige, korrupte, unbezwingliche und unvergleichliche Geist des Wiener Kaffeehauses.

TANIA BLIXEN

Die Farm am Ngong

Ich hatte eine Farm in Afrika am Fuß des Ngong-Gebirges. Die Äquatorlinie zog sich fünfundzwanzig Meilen weiter nördlich durchs Hochland, doch meine Farm lag zweitausend Meter über dem Meer. Mitten am Tag konnte man diese Höhe und die Nähe der Sonne wohl empfinden, aber nachmittags und abends war es klar und kühl, und die Nächte waren kalt.

Geografische Lage und Höhe über dem Meeresspiegel hatten hier vereint eine Landschaft hervorgebracht, die auf der ganzen Welt nicht ihresgleichen kannte. Sie war herb, ihre Linien waren langgezogen, nirgendwo gab es Überfluss, weder prächtigen Farben noch üppige Vegetation wie in tiefgelegenen Tropenländern. Ihre Farben waren trocken und gebrannt wie die von Töpferwaren. Die Bäume trugen zarte, gefiederte Blätter, die anders angeordnet waren als die Blätter der europäischen Bäume, nicht in Kuppeln, sondern in breiten, waagerechten Schichten und Parabeln. Diese besondere Struktur des Laubs verlieh den frei stehenden Bäumen eine palmenähnliche, beschwingte Silhouette oder auch eine romantische, heroische Haltung, wie sie ein Schiff mit vollen Segeln zeigt. Und die langen Waldsäume nahmen sich dadurch so merkwürdig aus, als ob der ganze Wald bebte. In den Savannen standen die alten krummen

Dornbäume einzeln und für sich, und das Gras duftete würzig nach Thymian und Porst, manchmal so heftig, dass es in den Nasenlöchern brannte. Die Blumen, die man in der Steppe oder an den Schlingpflanzen der jungfräulichen Wälder fand, waren so winzig wie Dünengewächse, doch wenn die lange Regenzeit begann, erblühten viele verschiedene Arten von üppigen, schweren Lilien und verströmten einen betäubenden Duft. Nach allen Seiten war die Aussicht weit und unendlich. Alles in dieser Natur strebte nach Größe, Freiheit und hohem Adel.

Das wichtigste Element dieser Landschaft und des Lebens hier war die Luft. Blickt man auf einen mehrjährigen Aufenthalt im afrikanischen Hochland zurück, dann überkommt einen überraschend das Gefühl, als hätte man lange Zeit in der Luft gelebt. Der Himmel war niemals tiefblau, sondern zumeist sehr blass und so hell, dass man kaum zu ihm aufschauen konnte, mit einem Reichtum an riesigen, schwerelosen, wechselnden Wolken, die sich am Horizont auftürmten und über ihn hinwegsegelten. Doch eine blaue Kraftquelle lag darin verborgen und verlieh dem Höhenzug ganz in der Nähe eine tiefe, frische, himmelblaue Farbe. In der Mittagshitze wurde die Luft über der Ebene lebendig wie eine brennende Flamme, sie funkelte, wogte und strömte wie Wasser und formte große Phantasmagorien. In dieser hohen Luft fiel das Atmen leicht, und man atmete eine wilde Hoffnung ein, die Flügeln glich. Wenn man im Hochland morgens erwachte, dachte man: Jetzt bin ich da, wo mein Platz ist.

Das Ngong-Gebirge zog sich als langer Höhenzug von Norden nach Süden und wurde von vier edlen Gipfeln gekrönt, die wie erstarrte Wellen aus dunklerem Blau zum Himmel aufragten. Sein höchster Punkt lag zweitausendsiebenhundert Meter über dem Meeresspiegel, und seine Ostseite erhob sich siebenhundert Meter über das angrenzende Land. Doch nach Westen fiel es viel schroffer und steiler ab, die Hänge stürzten sich fast senkrecht in das riesige Tal Rift Valley.

Im Hochland wehte der Wind ständig von Nordnordost. Es war der gleiche Wind, den man an den Küsten Afrikas und Arabiens als Monsun bezeichnet, der Ostwind, das Lieblingspferd König Salomos. In dieser Höhe empfand man ihn als den leichten Widerstand des Äthers, wenn sich die Erde dem Raum entgegenwarf. Der Wind wanderte direkt auf die Ngong-Berge zu, deren Hänge ein idealer Startplatz für ein Segelflugzeug gewesen wären – die Luftströmung hätte es vom Fuß des Gebirges bis über den Kamm getragen. Die Wolken, die mit dem Wind reisten, stießen gegen die Berge und blieben hängen, oder sie wurden von den Gipfeln aufgespießt und entluden sich in Regenschauern, während jene, die eine größere Höhe erreichten, die Klippe umschifften und unmittelbar westlich davon über den glühenden Wüsten von Rift Valley verdampften. Oft habe ich von meinem Haus den Flug der Wolken übers Gebirge verfolgt und mit Staunen beobachtet, wie sich die stolzen Massen, sowie sie über den Kamm gelangten, in Luft auflösten und verschwanden.

Von der Farm aus betrachtet, änderte das Gebirge mehrmals am Tag sein Aussehen. Es gab Zeiten, da schien es ganz nah zu sein, zu anderen Zeiten war es unendlich fern. Sah man es abends in der Dämmerung, wirkten die Konturen der finsteren Berge wie mit einer zarten, feinen Silberlinie auf den dunkelnden Himmel gemalt, und wenn dann die Nacht hereinbrach, war es, als würden die vier Gipfel flacher und niedriger, als reckte und streckte sich das Gebirge, um sich zur Ruhe zu begeben.

Man hatte von Ngong Hills eine einzigartige Aussicht. Im Südosten sah man die weiten Steppen, die großen Jagdgebiete, die sich bis zum Kilimandscharo erstreckten, im Nordosten die parkähnliche Landschaft der flacheren Hügel und dahinter die Wälder und noch weiter entfernt die wellige Landschaft des Kikuyureservats, das sich hundertundfünfzig Kilometer weit bis zum schneebedeckten Mount Kenya ausdehnte. Das gesamte Kikuyuland glich einem Mosaik, bestehend aus kleinen viereckigen und dreieckigen Maisfeldern, Bananenpflanzungen und Weiden, und mitten darin stieg hier und da blauer Rauch aus einem Negerdorf auf, das an ein Häuflein von kleinen, spitzen grauen Pilzen erinnerte. Im Westen aber, ganz in der Tiefe, lag eine Mondlandschaft, das afrikanische Tiefland. Die braungraue Wüste war mit winzigen Dornbäumen gesprenkelt, die gewundenen Flussläufe wurden von breiten, unregelmäßigen grünen Linien eingefasst, den riesigen, weitverzweigten Mimosenbäumen, deren Dornen so dick wie sechszöllige Nägel waren. Hier wuchsen Kakteen, hier lebten Giraffen und Nashörner.

Aus der Nähe gesehen, war das Gebirge Ngong Hills riesig, abwechslungsreich und geheimnisvoll, mit langen Tälern, Dickicht und Gebüsch, grünen Hängen und steinigen Klüften. Hoch oben unter einem der Gipfel wuchs sogar ein Bambuswald. In den Bergen gab es Quellen und Wasserläufe, ich hatte mein Zelt neben ihnen aufgeschlagen.

Zu meiner Zeit lebten in den Ngong-Bergen Büffel, Elenantilopen und Nashörner; sehr alte Eingeborene erinnerten sich noch daran, dass es dort Elefanten gegeben hatte, und ich bedauerte, dass nicht das gesamte Gebirge zum Wildreservat erklärt worden war. Nur in einem kleinen Bereich war das Wild geschützt, der Steinhaufen auf dem südlichen Gipfel markierte die Grenze. Wenn sich die Kolonie Kenia weiterentwickelt und die Hauptstadt Nairobi zur Großstadt heranwächst, könnte man hier einen Wildpark haben, der in der Welt einmalig wäre. Doch in den letzten Jahren meines Afrikaaufenthalts fuhren die jungen Geschäftsleute und Büroangestellten aus Nairobi mit ihren Motorrädern sonntags in die Berge und schossen auf alles, was ihnen unter die Augen kam, und ich glaube, das Großwild hat das Gebirge verlassen und sich nach Süden in den dichteren Wald und in die Felsengegenden verzogen.

Das Gebirge war rau und unwegsam, wenn man jedoch den Kamm erreicht hatte, ging es sich leicht dort. Das Gras war kurz und wie geschoren, hier und da brach durch die Grünfläche das graue Gestein. Auf dem schmalen Grat, der wie eine meilenlange, geräuschlose Achterbahn über die vier Gipfel führte, verlief ein Wildwechsel. Als ich einmal mein Lager in den Bergen aufgeschlagen hatte, kletterte ich eines Morgens zu diesem Pfad hinauf und folgte ihm, und da fand ich frische Spuren und Losung einer Herde von Elenantilopen. Die großen, anmutigen, friedlichen Tiere hatten gewiss bei Sonnenaufgang den Gipfel besucht und waren dann in einer langen Reihe, eins hinter dem andern, auf dem Pfad gewandert, sie waren hergekommen, um zu beiden Seiten auf das Land hinabzuschauen – aus welchem Grund sonst?

Wir bauten auf meiner Farm Kaffee an. Tatsächlich lag die Gegend für Kaffee etwas zu hoch, und die Bewirtschaftung machte große Mühe. Wir waren niemals reich. Doch eine Kaffeeplantage ist ein Unternehmen, das die Leute packt, die sich damit befassen, und sie nicht wieder loslässt. Da gibt es stets viel zu tun, ja fast immer sitzt einem die Zeit im Nacken.

Inmitten der wilden Landschaft nimmt sich ein ebenmäßiges und bepflanztes Stück Land gut aus. Später, als ich über Afrika flog und meine Farm aus der Luft kennenlernte, erfüllte mich der Anblick meiner eigenen Plantage, die so ordentlich und frisch grün dalag, umgeben von Wildnis, Steppe und Urwald, immer wieder mit Bewunderung, und mir ging auf, wie sehr das menschliche Herz geometrische Figuren liebt und sich nach ihnen sehnt. Die gesamte Umgebung Nairobis, vor allem im Norden, war in der gleichen Weise bebaut; hier wohnten Leute, deren Gedanken ständig um Kaffee kreisten – wie man ihn pflanzt, beschneidet und pflückt – und die nachts nicht schlafen konnten, weil sie über Verbesserungen für ihre Kaffeeanlagen grübelten.

Kaffeeanbau ist eine langwierige Arbeit. Sie ist schwieriger, als man sich vorstellt, wenn man im strömenden Regen seine Setzkästen mit glänzenden jungen Pflanzen aus der Baumschule holt und alle Arbeitskräfte der Farm auf dem Feld sind. Man achtet darauf, dass die Löcher in der feuchten Erde, in denen sie wachsen sollen, tief und gleichmäßig sind, im dichten Schatten abgebrochener Zweige aus dem Unterholz – denn Verborgenheit ist ja das Privileg junger Wesen –, doch die Hoffnungen, die man damit verbindet, erfüllen sich nicht. Es dauert drei oder vier Jahre, bis die kleinen Bäume tragen, und in der Zwischenzeit kommt Dürre über das Land, oder Pflanzenkrankheiten brechen aus, und zwischen den Kaffeebäumchen sprießt das freche einheimische Unkraut, Macdonaldia und Black-Jack, dessen lange, scharfe Samenhülsen sich in die Strümpfe bohren und wie Feuer brennen. Einige Bäumchen wurden zu nachlässig gepflanzt, sodass sich ihre Hauptwurzel verkrümmte, sie gehen kurz vor der Blüte ein.

Man pflanzt auf einem Acre Land etwas mehr als sechshundert Bäume, und ich hatte sechshundert Acres mit Kaffee auf meiner Farm. Meine Ochsen zogen die Kultivatoren geduldig viele tausend Meilen zwischen den Baumreihen hin und her, und wir warteten auf die großen Erträge.

Oft war es in der Kaffeeplantage wunderbar. Es sah prachtvoll aus, wenn zu Beginn der langen Regenzeit die Pflanzen blühten und über meinen sechshundert Acres in Nebel und Nieselregen gleichsam eine Wolke aus Kreide schwebte. Kaffeeblüten duften fein und bitter wie Schlehenblüten. Wenn das Feld überall von reifen Kaffeekirschen errötete, riefen wir Frauen und Kinder, die in der Negersprache Totos heißen, um zusammen mit den Männern die Früchte von den Bäumen zu pflücken. Wagen und Karren fuhren die Kaffeekirschen zur Aufbereitung in die Mühle am Fluss. Unsere Maschinerie war nie ganz so, wie sie sein sollte, doch wir hatten die Anlage selbst entworfen und gebaut und waren auf sie stolz. Einmal brannte sie völlig ab und musste wieder aufgebaut werden. Die große Trockentrommel drehte sich unablässig und rüttelte und schüttelte den Kaffee in ihrem schweren Eisenbauch, mit einem Geräusch, als spülten Wellen Kies und Geröll ans Ufer. Es kam vor, dass der Kaffee mitten in der Nacht fertig wurde und die Trommel geleert werden musste. Das war ein malerischer Augenblick: Stalllaternen in den großen dunklen Räumen, wo Spinnweben und Kaffeeschalen wie Festons an Decke und Wänden saßen, und im Laternenschein rund um die Trockentrommel viele glühende, eifrige Gesichter. Man hatte ein Gefühl, als hinge die Kaffeeanlage in der riesigen Tropennacht wie ein Juwel im Ohr eines Negermädchens.

Danach wurde der Kaffee geschält, sortiert und in Säcke gepackt – zwölf Säcke ergaben eine Tonne –, die mit einer Sattlernadel zugenäht wurden.

Endlich hörte ich in aller Herrgottsfrühe – es war noch dunkel, und ich lag im Bett –, wie sich unsere schweren Wagen, jeder mit sechzehn Ochsen bespannt und jetzt haushoch mit Kaffeesäcken beladen, pro Wagen fünf Tonnen, zum Bahnhof von Nairobi in Bewegung setzten. Rasselnd, krachend und unter dem Peitschenknallen und Rufen der Kutscher, die nebenherliefen, verließen sie die Kaffeeanlage und fuhren den langen Hügel hinauf. Ich war bei dem Gedanken froh, dass dies der einzige Hügel war, den sie auf ihrem Weg in die Stadt überwinden mussten, denn die Farm lag vierhundert Meter höher als Nairobi. Am Abend ging ich hinaus, um den zurückkehrenden Zug zu empfangen. Die müden Ochsen trotteten ganz langsam mit hängenden Köpfen vor den leeren Wagen, die müden kleinen Totos, die sie führten, waren vollkommen stumm, und die erschöpften Kutscher ließen ihre langen Peitschen im Staub des Weges schleifen. Nun hatten wir getan, was wir tun konnten. In ein paar Tagen würde der Kaffee unsrer Farm auf See sein, und dann mussten wir auf gute Preise auf den großen Londoner Märkten hoffen.

Deutscher Kaffee

An dem deutschen Kaffee habe ich eine übertriebene Nachgiebigkeit gegenüber der Milch beobachtet. Er erbleicht, wenn sie nur in seine Nähe kommt. Das könnte auch ein Bild von der Beziehung der Geschlechter in diesem Land sein.

Für sechs Tassen Kaffee

An »Fußball spielen verboten« und »Hunde sind an der Leine zu führen« vorbei kommt Wenzel frühmorgens durch den Stadtpark. Er ist unterwegs zu Krebs, der seinen Ausschank, eine giftgrün gestrichene Bretterbude, am Platz vor dem Hauptportal hat.

Wenzel hat, wie so viele Nächte im Hochsommer, unter einem Gebüsch im Park geschlafen; er muß jetzt einen Kaffee haben. Er braucht dringend einen starken Schwarzen, ungezuckert, versteht sich; ein Gewitter hat ihn im Schlaf überrascht, er ist naß bis auf die Haut und möchte wieder ins Lot kommen.

Krebs wird mit sich reden lassen. ›Krebs muß mit sich reden lassen‹, denkt Wenzel, während er unversehens auf etwas Weiches tritt. Er bleibt stehen, guckt nach unten, und seine Augen werden groß. Was denn? Er ist nicht in einen Hundsdreck getreten, wie schon oft, nein, da liegt dicht neben dem Rasenbord, das den Weg säumt, eine braunlederne Brieftasche. Wenzel bückt sich, steckt das Leder flugs ein, verschwindet hinter einer Sträuchergruppe in Deckung; er kommt kurz darauf wieder hervor und geht weiter. Wie ein Mann, der nur rasch mal abseits ein kleines Geschäft verrichten mußte, geht Wenzel weiter durch den Park zu Krebs.

»Morgen, Krebs«, sagt Wenzel. »Ziemlich frisch heute, was?«

Krebs kommt vom Ausguß her an die Theke; er trocknet sich die Hände an der Schürze ab.

»Wie wär's mit einem Kaffee?«

Krebs läßt sich Zeit. Er mustert Wenzel ausgiebig.

»Wie wär's?« wiederholt Wenzel.

»Geld«, sagt Krebs. Das Wort fällt wie ein Hammer. »Du Rabe schuldest mir sechs Tassen Kaffee. Damit hat sich's.«

Wenzel schiebt seinen zerbeulten Filz ins Genick; er schaut über den Platz auf das Reiterstandbild, er betrachtet ein paar Tauben, die kopfnickend herumtrippeln, und verfolgt den Bus, der eben mit sanftem Gebrumm wegfährt. Wenzel wendet sich wieder Krebs zu: »Geld? Wenn's weiter nichts ist! Sag mal, Krebs, du nimmst doch auch ausländisches Geld, nicht wahr?«

Krebs greift nach einem Lappen; er wischt ausholend die Theke blank: »Kommt darauf an. Find ich doch neulich abends beim Kassasturz eine türkische Lira im Fach. Wieso? denk ich. War ja gar kein Türke da. War am Vormittag ein Makkaroni da, der seine Zeche mit vierhundert Lire in Münzen bezahlt hat. Na, ich mußte allerhand Kundschaft bedienen, und da hat mir dieser Gauner in der Eile das türkische Scherflein angedreht.«

»Pech«, sagt Wenzel. »Aber wenn ich nun einen Hundertdollarschein in der Tasche hätte?«

Krebs hält inne: »Einen was?«

»Du hast richtig gehört. Einen Hundertdollarschein.«

»Oh, du verdammter Aufschneider«, lacht Krebs. Er geht zur Kaffeemaschine, nimmt eine Tasse vom Gestell, läßt sie bis zum Rand vollaufen, kommt zurück und stellt die Tasse samt einem Untersatz vor Wenzel hin auf die Theke. »Heiß. Verbrenn dir den Lügenschnabel nicht!« sagt Krebs.

Wenzel schiebt die Zuckerbüchse spielerisch hin und her; er nimmt einen Löffel aus dem Besteckkasten und schlägt ihn leicht an die Tasse: »Wenn ich nun Glück gehabt hätte? Wenn mir ein hübscher grüner Schein in die Tasche gewandert wäre … Was meinst du?«

Krebs schweigt. Er schaut Wenzel an.

»Nun?« drängt Wenzel.

Krebs schweigt noch immer, aber Wenzel spürt, der Budiker überlegt sich die Antwort sorgfältig.

»Angenommen«, sagt Krebs endlich, »– angenommen, du hast hundert Dollar in der Tasche, so könnte ich sie dir nicht wechseln. Hundert Dollar sind viel Geld, auch für'n Mann wie mich. Mächtig viel Zaster ist das. Ungefähr das Vierfache in unserer Währung.«

»Ich müßte also zur Bank gehen.«

Krebs nickt: »Du müßtest versuchen …«

»Versuchen?« unterbricht Wenzel. »Wieso versuchen?«

Jetzt lächelt Krebs. Er rümpft seine fleischige Nase, er zeigt seinen Goldzahn, er kratzt sich hinterm Ohr: »Hast du in letzter Zeit mal in einen Spiegel gesehen, Wenzel?«

Nein, Wenzel hat seit Tagen in keinen Spiegel gesehen. Wozu auch. Er kennt seine Visage.

»Gar nicht so einfach für dich, einen Hundertdollar-schein zu wechseln«, sagt Krebs. »Es könnte doch sein, der Beamte am Schalter nimmt dich ein wenig unter die Lupe. Wie? Er könnte sich fragen: Woher hat dieser Landstörzer da hundert Dollar? Einmal mißtrauisch geworden, winkt er womöglich der Polizei …«

Wenzel hat seinen Kaffee vergessen; er muß rasch einen Schluck nehmen. Krebs hat völlig recht. Wie sieht er denn aus! Sein Anzug ist sein Schlafanzug, sein Sonntagsgewand und Werktagskleid in einem.

»Na schön«, sagt Wenzel. »War ja alles nur Spaß, nicht wahr?«

Krebs lächelt noch immer.

»Ich schulde dir sieben Tassen Kaffee.«

»Sechs«, sagt Krebs. »Diese da schenk ich dir.«

»Du kriegst dein Geld. Morgen oder übermorgen zahle ich.«

»Sicher«, sagt Krebs. »Laß dir Zeit.«

Wenzel dreht sich um. Er will über den Platz. Wohin denn, wohin, ach, irgendwohin! Er ist so verdammt mutlos plötzlich.

»Du, Wenzel, hör mal!« ruft Krebs. »Seit wann trinkst du den Kaffee gezuckert?«

Wenzel kommt an die Theke zurück. »Gezuckert? Wieso? Hab ich Zucker genommen?«

»Gib den Schein her«, sagt Krebs leise. »Gib ihn her, ich wechsle ihn für dich. Komm gegen fünf herum wieder vorbei. Um diese Zeit ist wenig Betrieb hier.«

»Gut«, sagt Wenzel ergeben, aber wie er um fünf über den Platz zurückkommt, da klingelt die Ladenkasse dauernd im Ausschank. Eine lange Zeile Bierflaschen steht auf der Theke. Krebs ist in großer Form; er schenkt ein, kassiert und unterhält sich zwischendurch mit der Kundschaft. »Da haben Sie ganz recht«, sagt er zu einem hageren Griesgram: »Buttermilch ist noch immer das beste für einen vom Saufen entzündeten Magen. Kennen Sie übrigens die Geschichte von den beiden Fröschen? Nicht? Also: Zwei Frösche fielen in einen Milcheimer. Der eine Frosch versuchte verzweifelt, an den glatten Wänden hochzukommen. Dabei wurde er schließlich so müde, daß er versank. Der andere Frosch hingegen paddelte ruhig im Kreis herum, immer im Kreis herum. Am nächsten Morgen fand ihn der Bauer. Der Frosch saß auf einer Insel aus Butter. Wie ist's, wollen Sie noch eine Flasche Bier?«

Der Griesgram blickt sauer. Ein rauhes Gelächter erhebt sich. Krebs strahlt; er versteht es, seine Gäste bei guter Laune zu halten.

Inzwischen hat sich Wenzel im Schatten der Rückwand auf eine umgestülpte Kiste gesetzt. Er hört Krebs drinnen wirtschaften, hört das Gezisch der Kaffeemaschine und undeutlich das Gebabbel der Trinker; er geht erst wieder nach vorne, nachdem es still geworden ist.

»Komm nur her«, sagt Krebs, »– die Blase ist abgezogen.«

Wenzel greift nach dem Glas voll Zahnstocher, das auf der Theke steht; er nimmt ein Hölzchen heraus und steckt es in den Mundwinkel.

»Was hat der Herr den ganzen Tag über getrieben?« will Krebs wissen.

»Ich saß am Fluß. Die Wolken zogen, die Mücken tanzten, und die Fische sprangen.«

»Na, so ein Leben möchte ich mir auch einmal gestatten«, sagt Krebs. Er wendet sich zur Kasse, drückt auf den Knopf, die Schublade schießt heraus; Krebs zählt drei

Zehnmarkscheine, einen Fünfer, ein Zweimarkstück und eine Anzahl kleiner Münzen vor Wenzel hin.

»Zehn Dollar gleich zweiundvierzig Mark, abzüglich drei Mark für die sechs Tassen Kaffee«, sagt Krebs.

Wenzel steht da. Er betrachtet das Geld.

Worauf wartet er noch?

»Stimmt was nicht?« fragt Krebs.

»Zehn«, sagt Wenzel. »Zehn? Ich habe dir hundert gegeben.«

»Hundert? Du spinnst wohl! Zehn hast du mir gegeben.«

»Also hör mal, Krebs …« Wenzel schweigt. Eine rundliche Frau ist hinzugekommen.

»Sie wünschen?« fragt Krebs.

»Geben Sie mir ein Eis«, sagt die Frau.

»Tut mir leid, bin ausverkauft.«

Wenzel und Krebs warten, bis die Frau außer Hörweite ist.

»Also hör mal, Krebs, damit wirst du es nicht weit bringen …«

»So. Was soll das heißen? Du willst mich erpressen, wie? Nimm dein Geld und laß dich hier nie wieder …« Krebs schweigt. Ein Mann steht an der Theke.

»Sie wünschen?«

»Einen Espresso«, sagt der Mann.

Wenzel versucht das Geld einzustecken. Seine Hände zittern, er muß sich Zeit lassen, seine Hände zittern wie nie zuvor. Der Mann am Ende der Theke schaut neugierig herüber.

»Sie wünschen: Bitte schön, Sie wünschen?«

Wenzel schaut hoch. Er steht in einer Drogerie. Die

Augen des jungen Drogisten, der vor ihm steht, funkeln belustigt hinter der Brille.

»Eine Flasche Benzin«, sagt Wenzel.

»Benzin. Gerne. Aber wir führen nur Reinbenzin.«

»Egal«, sagt Wenzel, »– wenn's nur brennt.«

ANTON KUH

Melange = Milch + Kaffee

Die Addition stimmt. Melange heißt Mischung, und wenn man Milch mit Kaffee mischt, erhält man jenes Getränk, welches man in Frankreich »Milchkaffee«, bei uns aber »Melange« nennt.

Und doch muß etwas daran nicht richtig sein!

Vor einigen Tagen kam ich nach 2 Uhr nachmittags in ein Kaffeehaus und bestellte auf's Blinde – wer kann sich den verzwickten Stundenplan für Schwarzen, Weißen und Gemischten merken? – eine Melange. Der Kellner bedauerte.

»Nach 2 Uhr kann ich leider nicht dienen.«

»Warum? Man erhält ja bis 3 Uhr Kaffee?«

»Ja – schwarzen. Aber Melange nur bis 2 Uhr.«

»Und vormittag?«

»Bis 10 Uhr bekommen Sie eine Melange, von 10–1 Uhr nur Milch, weil da der Schwarze verboten ist, von 1–2 Uhr Schwarzen, Milch und Melange, aber von 2–3 Uhr …«

»Nur Schwarzen.«

»Nein – Sie können auch Milch haben. Eine Schale Schwarzen und ein Tasserl Milch. Aber beides in einer Schale nicht. Es ist Melange-Verbot.«

»Aber aus schwarzem Kaffee und Milch kann man sich doch selber eine Melange machen?«

»Das geht uns nichts an. Die Behörde erlaubt's nur extra.«

»So? Dann bringen Sie mir eine Melange!«

»Kann leider nicht dienen. Nur eine Schale Schwarzen und ein Tipferl Milch. Oder vielleicht eine Schale Milch und ein Tipferl Schwarzen – wie der Herr wünschen.«

»Dann bringen Sie mir also eine Schale Schwarzen und ein Tipferl Milch!«

»Schani! Eine Melange für den Herrn auf Sechse!«

Ich bekam Milch und Kaffee und machte mir die appetitliche Mischung. Es schmeckt besser, wenn man sich's selber anrichtet.

Ehre dem Geist des Gesetzes! Es macht einen Unterschied zwischen der Summe und der Summierung, zwischen Melange und Milchkaffee. Es bittet die P. T. Gäste, sich die Umgehung gefälligst selbst zu addieren. Denn Gottlob: noch sind Milch, Kaffee und Melange jedes für sich verschiedene Dinge!

Dieses Miniaturbild gehört eigentlich in die politische Rubrik. Etwa unter: »Die Nichteinberufung des Parlamentes …«

FRANZ KAFKA

Schwarzer Kaffee

Das Rücken eines Tisches auf dem Nachbarbalkon machte Karl aufmerksam, dort saß ja jemand und studierte. Es war ein junger Mann mit einem kleinen Spitzbart, an dem er beim Lesen, das er mit raschen Lippenbewegungen begleitete, ständig drehte. Er saß, das Gesicht Karl zugewendet, an einem kleinen, mit Büchern bedeckten Tisch, die Glühlampe hatte er von der Mauer abgenommen, zwischen zwei große Bücher geklemmt, und war nun von ihrem grellen Licht ganz überleuchtet.

»Guten Abend«, sagte Karl, da er bemerkt zu haben glaubte, daß der junge Mann zu ihm herübergeschaut hätte.

Aber das mußte wohl ein Irrtum gewesen sein, denn der junge Mann schien ihn überhaupt noch nicht bemerkt zu haben, legte die Hand über die Augen, um das Licht abzublenden und festzustellen, wer da plötzlich grüßte, und hob dann, da er noch immer nichts sah, die Glühlampe hoch, um mit ihr auch den Nachbarbalkon ein wenig zu beleuchten.

»Guten Abend«, sagte dann auch er, blickte einen Augenblick lang scharf hinüber und fügte dann hinzu: »Und was weiter?«

»Ich störe Sie?« fragte Karl.

»Gewiß, gewiß«, sagte der Mann und brachte die Glühlampe wieder an ihren früheren Ort.

Mit diesen Worten war allerdings jede Anknüpfung abgelehnt, aber Karl verließ trotzdem die Balkonecke, in der er dem Manne am nächsten war, nicht. Stumm sah er zu, wie der Mann in seinem Buche las, die Blätter wendete, hie und da in einem anderen Buche, das er immer mit Blitzesschnelle ergriff, irgend etwas nachschlug und öfters Notizen in ein Heft eintrug, wobei er immer überraschend tief das Gesicht zu dem Hefte senkte.

Ob dieser Mann vielleicht ein Student war? Es sah ganz so aus, als ob er studierte. Nicht viel anders – jetzt war es schon lange her – war Karl zu Hause am Tisch der Eltern gesessen und hatte seine Aufgaben geschrieben, während der Vater die Zeitung las oder Bucheintragungen und Korrespondenzen für einen Verein erledigte und die Mutter mit einer Näharbeit beschäftigt war und hoch den Faden aus dem Stoffe zog. Um den Vater nicht zu belästigen, hatte Karl nur das Heft und das Schreibzeug auf den Tisch gelegt, während er die nötigen Bücher rechts und links von sich auf Sesseln angeordnet hatte. Wie still war es dort gewesen! Wie selten waren fremde Leute in jenes Zimmer gekommen! Schon als kleines Kind hatte Karl immer gerne zugesehen, wenn die Mutter gegen Abend die Wohnungstür mit dem Schlüssel absperrte. Sie hatte keine Ahnung davon, daß es jetzt mit Karl so weit gekommen war, daß er fremde Türen mit Messern aufzubrechen suchte.

Und welchen Zweck hatte sein ganzes Studium gehabt! Er hatte ja alles vergessen; wenn es darauf angekommen wäre, hier sein Studium fortzusetzen, es wäre ihm sehr schwer geworden. Er erinnerte sich daran, daß er zu Hause einmal einen Monat lang krank gewesen war; welche Mühe hatte es ihn damals gekostet, sich nachher wieder in dem unterbrochenen Lernen zurechtzufinden! Und nun hatte er außer dem Lehrbuch der englischen Handelskorrespondenz schon so lange kein Buch gelesen.

»Sie, junger Mann«, hörte sich Karl plötzlich angesprochen, »könnten Sie sich nicht anderswo aufstellen? Ihr Herüberstarren stört mich schrecklich. Um zwei Uhr in der Nacht kann man doch schließlich verlangen, auf dem Balkon ungestört arbeiten zu können. Wollen Sie denn etwas von mir?«

»Sie studieren?« fragte Karl.

»Ja, ja«, sagte der Mann und benützte dieses für das Lernen verlorene Weilchen, um unter seinen Büchern eine neue Ordnung einzurichten.

»Dann will ich Sie nicht stören«, sagte Karl, »ich gehe überhaupt schon ins Zimmer zurück. Gute Nacht.«

Der Mann gab nicht einmal eine Antwort, mit einem plötzlichen Entschlusse hatte er sich nach Beseitigung dieser Störung wieder ans Studieren gemacht und stützte die Stirn schwer in die rechte Hand.

Da erinnerte sich Karl knapp vor dem Vorhang daran, warum er eigentlich herausgekommen war, er wußte ja noch gar nicht, wie es mit ihm stand. Was lastete nur so auf seinem Kopf? Er griff hinauf und staunte, da war keine blutige Verletzung, wie er im Dunkel des Zimmers gefürchtet hatte, es war nur ein noch immer feuchter, turbanartiger Verband. Er war, nach den noch hie und da hängenden Spitzenüberresten zu schließen, aus einem alten Wäschestück

Bruneldas gerissen, und Robinson hatte ihn wohl flüchtig Karl um den Kopf gewickelt. Nur hatte er vergessen, ihn auszuwinden, und so war während Karls Bewußtlosigkeit das viele Wasser das Gesicht hinab- und unter das Hemd geronnen und hatte Karl solchen Schrecken eingejagt.

»Sie sind wohl noch immer da?« fragte der Mann und blinzelte hinüber.

»Jetzt gehe ich aber wirklich schon«, sagte Karl, »ich wollte hier nur etwas anschauen, im Zimmer ist es ganz finster.«

»Wer sind Sie denn?« sagte der Mann, legte den Federhalter in das vor ihm geöffnete Buch und trat an das Geländer. »Wie heißen Sie? Wie kommen Sie zu den Leuten? Sind Sie schon lange hier? Was wollen Sie denn anschauen? Drehen Sie doch Ihre Glühlampe dort auf, damit man Sie sehen kann.«

Karl tat dies, zog aber, ehe er antwortete, noch den Vorhang der Tür fester zu, damit man im Innern nichts merken konnte. »Verzeihen Sie«, sagte er dann im Flüsterton, »daß ich so leise rede. Wenn mich die drinnen hören, habe ich wieder einen Krawall.«

»Wieder?« fragte der Mann.

»Ja«, sagte Karl, »ich habe ja erst abends einen großen Streit mit ihnen gehabt. Ich muß da noch eine fürchterliche Beule haben.« Und er tastete hinten seinen Kopf ab.

»Was war denn das für ein Streit?« fragte der Mann und fügte, da Karl nicht gleich antwortete, hinzu: »Mir können Sie ruhig alles anvertrauen, was Sie gegen diese Herrschaften auf dem Herzen haben. Ich hasse sie nämlich alle drei, und ganz besonders Ihre Madame. Es sollte mich übrigens wundern, wenn man Sie nicht schon gegen mich gehetzt hätte. Ich heiße Josef Mendel und bin Student.«

»Ja«, sagte Karl, »erzählt hat man mir schon von Ihnen, aber nichts Schlimmes. Sie haben wohl einmal Frau Brunelda behandelt, nicht wahr?«

»Das stimmt«, sagte der Student und lachte. »Riecht das Kanapee noch danach?«

»O ja«, sagte Karl.

»Das freut mich aber«, sagte der Student und fuhr mit der Hand durchs Haar. »Und warum macht man Ihnen Beulen?«

»Es war ein Streit«, sagte Karl im Nachdenken darüber, wie er es dem Studenten erklären sollte. Dann aber unterbrach er sich und sagte: »Störe ich Sie denn nicht?«

»Erstens«, sagte der Student, »haben Sie mich schon gestört, und ich bin leider so nervös, daß ich lange Zeit brauche, um mich wieder zurechtzufinden. Seit Sie da Ihre Spaziergänge auf dem Balkon angefangen haben, komme ich mit dem Studieren nicht vorwärts. Zweitens aber mache ich um drei Uhr immer eine Pause. Erzählen Sie also nur ruhig. Es interessiert mich auch.«

»Es ist ganz einfach«, sagte Karl. »Delamarche will, daß ich bei ihm Diener werde. Aber ich will nicht. Ich wäre am liebsten noch gleich abends weggegangen. Er wollte mich nicht lassen, hat die Tür abgesperrt, ich wollte sie aufbrechen, und dann kam es zu der Rauferei. Ich bin unglücklich, daß ich noch hier bin.«

»Haben Sie denn eine andere Stellung?« fragte der Student.

»Nein«, sagte Karl, »aber daran liegt mir nichts, wenn ich nur von hier fort wäre.«

»Hören Sie einmal«, sagte der Student, »daran liegt Ihnen nichts?« Und beide schwiegen ein Weilchen. »Warum wollen Sie denn bei den Leuten nicht bleiben?« fragte dann der Student.

»Delamarche ist ein schlechter Mensch«, sagte Karl, »ich kenne ihn schon von früher her. Ich marschierte einmal einen Tag lang mit ihm und war froh, als ich nicht mehr bei ihm war. Und jetzt soll ich Diener bei ihm werden?«

»Wenn alle Diener bei der Auswahl ihrer Herrschaften so heikel sein wollten wie Sie!« sagte der Student und schien zu lächeln. »Sehen Sie, ich bin während des Tages Verkäufer, niedrigster Verkäufer, eher schon Laufbursche im Warenhaus von Montly. Dieser Montly ist zweifellos ein Schurke, aber das läßt mich ganz ruhig, wütend bin ich nur, daß ich so elend bezahlt werde. Nehmen Sie sich also an mir ein Beispiel.«

»Wie?« sagte Karl, »Sie sind bei Tag Verkäufer und in der Nacht studieren Sie?«

»Ja«, sagte der Student, »es geht nicht anders. Ich habe schon alles mögliche versucht, aber diese Lebensweise ist noch die beste. Vor Jahren war ich nur Student, bei Tag und Nacht, wissen Sie, nur bin ich dabei fast verhungert, habe in einer schmutzigen alten Höhle geschlafen und wagte mich in meinem damaligen Anzug nicht in die Hörsäle. Aber das ist vorüber.«

»Aber wann schlafen Sie?« fragte Karl und sah den Studenten verwundert an.

»Ja, schlafen!« sagte der Student. »Schlafen werde ich, wenn ich mit meinem Studium fertig bin. Vorläufig trinke ich schwarzen Kaffee.« Und er wandte sich um, zog unter seinem Studiertisch eine große Flasche hervor, goß aus ihr schwarzen Kaffee in ein Täßchen und schüttete ihn in sich hinein, so wie man Medizinen eilig schluckt, um möglichst wenig von ihrem Geschmack zu spüren.

»Eine feine Sache, der schwarze Kaffee«, sagte der Student. »Schade, daß Sie so weit sind, daß ich Ihnen nicht ein wenig hinüberreichen kann.«

»Mir schmeckt schwarzer Kaffee nicht«, sagte Karl.

»Mir auch nicht«, sagte der Student und lachte. »Aber was wollte ich ohne ihn anfangen. Ohne den schwarzen Kaffee würde mich Montly keinen Augenblick behalten. Ich sage immer Montly, obwohl der natürlich keine Ahnung hat, daß ich auf der Welt bin. Ganz genau weiß ich nicht, wie ich mich im Geschäft benehmen würde, wenn ich nicht dort im Pult eine gleich große Flasche wie diese immer vorbereitet hätte, denn ich habe noch nie gewagt, mit dem Kaffeetrinken auszusetzen, aber, glauben Sie mir nur, ich würde bald hinter dem Pulte liegen und schlafen. Leider ahnt man das, sie nennen mich dort den ›Schwarzen Kaffee‹, was ein blödsinniger Witz ist und mir gewiß in meinem Vorwärtskommen schon geschadet hat.«

»Und wann werden Sie mit Ihrem Studium fertig werden?« fragte Karl.

»Es geht langsam«, sagte der Student mit gesenktem Kopf. Er verließ das Geländer und setzte sich wieder an den Tisch; die Ellbogen auf das offene Buch aufgestützt, mit den Händen durch seine Haare fahrend, sagte er dann: »Es kann noch ein bis zwei Jahre dauern.«

»Ich wollte auch studieren«, sagte Karl, als gebe ihm dieser Umstand ein Anrecht auf ein noch größeres Vertrauen, als es der jetzt verstummende Student ihm gegenüber schon bewiesen hatte.

»So«, sagte der Student, und es war nicht ganz klar, ob er in seinem Buche schon wieder las oder nur zerstreut hineinstarrte, »seien Sie froh, daß Sie das Studium aufgegeben haben. Ich selbst studiere schon seit Jahren eigentlich nur aus Konsequenz. Befriedigung habe ich wenig davon und Zukunftsaussichten noch weniger. Welche Aussichten wollte ich denn haben! Amerika ist voll von Schwindeldoktoren.«

»Ich wollte Ingenieur werden«, sagte Karl noch eilig zu dem scheinbar schon gänzlich unaufmerksamen Studenten hinüber.

»Und jetzt sollen Sie Diener bei diesen Leuten werden«, sagte der Student und sah flüchtig auf, »das schmerzt Sie natürlich.«

Diese Schlußfolgerung des Studenten war allerdings ein Mißverständnis, aber vielleicht konnte es Karl beim Studenten nützen. Er fragte deshalb: »Könnte ich nicht vielleicht auch eine Stelle im Warenhaus bekommen?«

Diese Frage riß den Studenten völlig von seinem Buche los; der Gedanke, daß er Karl bei seiner Postenbewerbung behilflich sein könnte, kam ihm gar nicht. »Versuchen Sie es«, sagte er, »oder versuchen Sie es lieber nicht. Daß ich meinen Posten bei Montly bekommen habe, ist der bisher größte Erfolg meines Lebens gewesen. Wenn ich zwischen dem Studium und meinem Posten zu wählen hätte, würde ich natürlich den Posten wählen. Meine Anstrengung geht nur daraufhin, die Notwendigkeit einer solchen Wahl nicht eintreten zu lassen.«

»So schwer ist es, dort einen Posten zu bekommen«, sagte Karl mehr für sich.

»Ach, was denken Sie denn«, sagte der Student, »es ist leichter, hier Bezirksrichter zu werden als Türöffner bei Montly.«

Karl schwieg. Dieser Student, der doch so viel erfahrener war als er und der den Delamarche aus irgendwelchen Karl noch unbekannten Gründen haßte, der dagegen Karl gewiß nichts Schlechtes wünschte, fand für Karl kein Wort der Aufmunterung, den Delamarche zu verlassen. Und dabei kannte er noch gar nicht die Gefahr, die Karl von der Polizei drohte und vor der er nur bei Delamarche halbwegs geschützt war.

»Sie haben doch am Abend die Demonstration unten gesehen? Nicht wahr? Wenn man die Verhältnisse nicht kennte, sollte man doch denken, dieser Kandidat, er heißt Lobter, werde doch irgendwelche Aussichten haben oder er komme doch wenigstens in Betracht, nicht?«

»Ich verstehe von Politik nichts«, sagte Karl.

»Das ist ein Fehler«, sagte der Student. »Aber abgesehen davon haben Sie doch Augen und Ohren. Der Mann hat doch zweifellos Freunde und Feinde gehabt, das kann Ihnen doch nicht entgangen sein. Und nun bedenken Sie, der Mann hat, meiner Meinung nach, nicht die geringsten Aussichten, gewählt zu werden. Ich weiß zufällig alles über ihn, es wohnt da bei uns einer, der ihn kennt. Er ist kein unfähiger Mensch, und seinen politischen Ansichten und seiner politischen Vergangenheit nach wäre gerade er der passende Richter für den Bezirk. Aber kein Mensch denkt daran, daß er gewählt werden könnte, er wird so prachtvoll durchfallen, als man durchfallen kann, er wird für die Wahlkampagne seine paar Dollars hinausgeworfen haben, das wird alles sein.«

Karl und der Student sahen einander ein Weilchen schweigend an. Der Student nickte lächelnd und drückte mit einer Hand die müden Augen.

»Nun, werden Sie noch nicht schlafen gehen?« fragte er dann. »Ich muß ja auch wieder studieren. Sehen Sie, wieviel ich noch durchzuarbeiten habe.« Und er blätterte ein halbes Buch rasch durch, um Karl einen Begriff von der Arbeit zu geben, die noch auf ihn wartete.

»Dann also gute Nacht«, sagte Karl und verbeugte sich.

»Kommen Sie doch einmal zu uns herüber«, sagte der Student, der schon wieder an seinem Tisch saß, »natürlich nur, wenn Sie Lust haben. Sie werden hier immer große Gesellschaft finden. Von neun bis zehn Uhr abends habe ich auch für Sie Zeit.«

»Sie raten mir also, bei Delamarche zu bleiben?« fragte Karl.

»Unbedingt«, sagte der Student und senkte schon den Kopf zu seinen Büchern. Es schien, als hätte gar nicht er das Wort gesagt; wie von einer Stimme gesprochen, die tiefer war als jene des Studenten, klang es noch in Karls Ohren nach. Langsam ging er zum Vorhang, warf noch einen Blick auf den Studenten, der jetzt ganz unbeweglich, von der großen Finsternis umgeben, in seinem Lichtschein saß, und schlüpfte ins Zimmer.

Die vorzügliche Kaffeemaschine

Jeden Mittag giftete sich der Vater über den Kaffee, den ihm die Mutter nach dem Essen brachte.

Dieses labberige Gesöff sei kein Kaffee, es sei wohl braun und auch heiß, aber trotzdem kein Kaffee. Er danke auf die Dauer dafür.

Die Mutter verteidigte sich und sagte, sie habe drei Lot hineingegeben und gründlich ziehen lassen. Außerdem sei zu starker Kaffee nicht gesund.

Das war jeden Mittag dieselbe Geschichte.

Tante Rösele Blätterteig, die immer im Wohnzimmer auf einem erhöhten Sitz am Fenster saß und beharrlich graue Socken zweimal rechts und zweimal links strickte, mischte sich regelmäßig in diesen Disput. Warum wolle man nicht auf sie hören und einmal ihr Rezept versuchen: den gemahlenen Kaffee in einen alten Wollstrumpf tun und durch diesen dann das kochende Wasser gießen? Das gäbe einen vorzüglichen Kaffee.

Den könne sie von ihm aus eimerweise trinken, schnauzte der Vater die Tante an, er danke dafür. Er habe die Sache aber jetzt endgültig satt. Wenn es noch nicht einmal möglich sei, zu Hause eine anständige Tasse Kaffee zu bekommen, pfeife er auf die ganze Haushaltung.

Die Mutter weinte und sagte, sie könne ihm keinen anderen Kaffee vorsetzen. Sie habe getan, was sie tun könnte. Den besten Kaffee genommen, der in der Stadt zu haben wäre, zwei Mark achtzig das Pfund. Dreiviertel Lot habe sie auf eine Tasse genommen. Er liebe sie nicht mehr, er solle es ihr doch gleich ins Gesicht sagen.

Diese leidige Kaffeegeschichte drohte das Eheglück der Eltern ernstlich zu gefährden.

Der Vater war sehr cholerischer Natur. Eines Tages hatte er im Zorn die gefüllte Tasse, dazu noch die feine Tasse mit der Aufschrift ›Dem Hausherrn‹ gegen die Wand geworfen und geschworen, von nun ab seinen Kaffee im Kaffeehaus zu trinken.

Die Mutter wollte zuerst ins Wasser gehen.

Übermorgen war der Geburtstag des Vaters. Das war der rechte Tag zur Ausführung dieses Entschlusses. Dann würde man sie tot aus dem Wasser ziehen und die Leiche dem Vater ins Haus bringen, und er würde jetzt einsehen, was er verloren und wie unrecht er ihr stets getan habe. Zu spät, zu spät, würde er aufstöhnen und sich über sie werfen.

Die Tränen liefen ihr über die Backen, als sie sich das alles so vorstellte. Es sollte anders kommen.

Die Mutter hatte einmal ein Bild gesehen: ›Die Lebensmüde‹, eine Frau, ganz in Schwarz gekleidet mit einem Spitzentuch um den Kopf, die im Begriff stand, von einer Brücke in den Fluß zu springen.

Ganz in Schwarz, ja, so wollte sie auch sterben, mit einem Spitzentuch um den Kopf. So hatte sie auch im Theater die Rebekka West gesehen. Das gab dem Tod etwas Tragisches.

Nun fiel ihr aber auf einmal ein, daß sie kein Spitzentuch hatte. Das war doch zu dumm. Es war eigentlich eine

Schande, daß sie kein Spitzentuch besaß. Alle ihre Freundinnen hatten welche. Nichts hatte sie als den altmodischen Wollschal, wenn sie zum Theater oder Konzert ging. Sie ärgerte sich so darüber, daß sie ganz und gar von ihrer Selbstmordidee abkam.

Dann sprangen ihre Gedanken über zu dem Wollschal, und es fiel ihr ein, daß dieser auch mal wieder gewaschen werden müsse. Ende der Woche würde ohnehin gewaschen, dann könne das gleich mit geschehen. Nur müsse man der Waschfrau recht auf die Finger sehen, daß sie ihn nicht zu heiß wüsche und er einliefe oder verfilze. Gott ja, man hatte so seine liebe Last mit fremden Leuten! Auch die Schlafzimmergardinen hätten es nötig, gewaschen zu werden, fiel ihr noch weiter ein.

So reihte sich eine häusliche Sorge an die andere und entfernte sie immer mehr von ihrem düsteren Vorsatz.

Dann gedachte sie der sechzig Pfund Preißelbeeren, die sie seit einigen Tagen schon im Hause hatte, und die unbedingt jetzt eingekocht werden mußten.

Gott ja, Fruchtzucker und praktische Einmachgläser waren noch zu besorgen. Da wollte sie sich aber mal sofort auf die Beine machen.

Schleunigst kleidete sie sich zum Ausgehen an und stürzte, an nichts anderes als ihre Preißelbeeren denkend, in die Stadt.

Die Einmachgläser hatte sie schnell gekauft. Sie war gerade im Begriff, den Laden zu verlassen, als ihr Blick auf ein großes Plakat fiel, das an einem Gegenstand aus Nickel angebracht war. ›Die beste Kaffeemaschine der Welt! In fünf Minuten ein vorzügliches Täßchen Kaffee!‹ las sie, und wie ein schwarzes Gespenst tauchte ihre häusliche Tragödie in ihrer ganzen Furchtbarkeit urplötzlich vor ihr auf. Aber gleichzeitig durchzuckte sie ein Strahl freudiger Hoffnung angesichts des vielversprechenden Plakats da vor ihr.

»Wir garantieren für diese Kaffeemaschine«, sagte ihr der Ladeninhaber, »es ist das Beste, was zurzeit auf dem Markte ist. In fünf Minuten haben Sie ein vorzügliches Täßchen Kaffee, gnädige Frau, ohne irgendwelche Mühe. Schauen Sie her, hier dieser Behälter wird mit Spiritus gefüllt, hier hinein kommt der gemahlene Kaffee. Dieser Zylinder ist mit Wasser zu füllen, dann wird hier angezündet, und in wenigen Minuten durchzieht der würzige Duft des Kaffees Ihre Stube. Frau Geheimrat Schnaube hat vergangene Woche zwei dieser Maschinen gekauft, sie ist ganz entzückt davon. Achtundzwanzig Mark ist kein Preis für diese Maschine. Reinnickel, wird nie gelb.«

Der Mutter erschien diese Kaffeemaschine als Rettungsanker in ihrer häuslichen Misere. Sie würde sie ihrem Gatten zum Geburtstag schenken und ihn mit einer vor seinen Augen hergestellten vorzüglichen Tasse Kaffee versöhnen.

Sie kaufte also diese Wunderkaffeemaschine um achtundzwanzig Mark.

»Beobachten Sie genau die Gebrauchsanweisung«, schärfte man ihr im Laden nochmals ein, »vor allen Dingen geben Sie immer Obacht, daß dieser Hahn hier zu, jenes Ventil aber stets offen ist. Auch der Ablauf hier muß immer offen gehalten werden.«

Es war doch ein Glück, daß sie diese Maschine gefunden hatte. Ihre Absicht, ins Wasser zu gehen, fiel ihr wieder ein. Es wäre doch eigentlich schade um sie gewesen, außerdem –

wer hätte dann die Preißelbeeren eingemacht und sich um die Wäsche gekümmert? Schon aus diesen Gründen durfte sie sich als gute Hausfrau in dieser Woche nicht töten. Nun würde ja noch alles gut werden.

Der Geburtstag des Vaters. Die Mutter hatte mit besonderer Sorgfalt den Geburtstagstisch aufgebaut. In der Mitte stand die Kaffeemaschine mit dem Plakat, das sie sich im Laden mit ausgebeten hatte, auf der einen Seite ein Rodonkuchen, auf der anderen ein Mandelkranz, wie ihn der Vater so gern mochte. Dann zwei Geraniumtöpfe, eine lange Gesundheitspfeife, ein Paar Plüschpantoffeln, die die Tante mit einem Fuchskopf, dessen Augen aus roten Perlen gemacht waren, bestickt hatte. Weiterhin zwei Pulswärmer, auch eine Arbeit der Tante. Rudi hatte einen Starenkasten bebrandmalt, der als Staubtuchbehälter im Hause Verwendung finden sollte. Adele hatte etwas kunstgepunzt: eine echt rindslederne Hausmütze, die zwar nicht sehr bequem war, indessen sehr kleidsam sein sollte. Freilich war sie nicht ganz fertig damit geworden, das hatte sie dem Vater morgens bei der Gratulation weinend gestanden. Der jüngste Bub Erich hatte einen Lampenschirm geklebt: Venedig mit seinen Palästen, deren Fenster ausgeschnitten und mit rotem Seidenpapier beklebt waren.

Der Vater konnte angesichts dieser herrlichen Sachen, Zeichen der Liebe der Seinen – obgleich er wohl den einen oder anderen Gegenstand lieber nicht gehabt hätte – nicht gut anders, als sich freudig überrascht und gerührt stellen.

Sonniger Friede. Mildes Plätschern trauter Familienharmonie.

Jedes Kind bekam einen Kuß, der nach Zigarre schmeckte.

Die Mutter bekam auch der Kinder wegen einen Kuß. Das machte sie mutig.

»Jetzt soll Männe aber auch immer sein gutes Täßchen Kaffee bekommen und nicht mehr unzufrieden sein«, hatte sie gesagt und ihren Arm um den Nacken ihres Mannes geschlungen und war so mit ihm durch das Zimmer gegangen. Dem Vater war das ziemlich lästig, er sagte aber nichts um des lieben Friedens willen.

Das Mittagessen war vorbei.

Jetzt kam der große Moment, wo die neue, vorzügliche Kaffeemaschine in Funktion treten sollte.

Die ganze Familie stand um den Tisch herum, nur der Vater saß im Lehnstuhl, dicht vor der Kaffeemaschine.

Er mußte sich die neue Pfeife anzünden, obgleich er viel lieber eine Zigarre geraucht hätte. Man zog ihm die Pulswärmer und die neuen Pantoffeln an. Adele setzte ihm die neue Hausmütze auf, die ihn wie ein Helm kniff. Er ertrug alles wie ein Lamm. Er wollte keinen Mißklang in dieses Familienidyll hineinbringen. Er mußte stark an sich halten, denn er war nun einmal sehr cholerischer Natur.

Die Mutter hantierte aufgeregt an der Kaffeemaschine herum. Wie war es doch nur? Hier den Spiritus einfüllen, dort kam der Kaffee hinein und dort das Wasser. Oder war es anders? Wo hatte sie nur die Gebrauchsanweisung?

Die Tante schüttelte den Kopf und nörgelte, weil die Mutter sie nicht mitgenommen hatte, als sie die Maschine kaufte. »Wird schon was Rechtes sein. Dieses neumodische Werk. Ich habe kein Vertrauen zu so was. Hast dir mal wieder etwas anhängen lassen. Es geht nichts über den Wollstrumpf«, brummte sie vor sich hin.

Die Mutter guckte sie wütend an und sagte unwirsch, sie solle doch erst einmal abwarten.

Der Vater sog an der Gesundheitspfeife und sagte nichts.

Ja und dann mit den Ventilen und Hähnen, wie war das nur damit? Was hatte der Mann im Laden gesagt? Die arme Mutter wurde immer verwirrter, sie stieß die Spiritusflasche um, die sich zur Hälfte auf den Tisch und über die Hose des Vaters ergoß.

Der Vater sog an der Gesundheitspfeife und sagte nichts. Er bekam nur dicke Adern auf der Stirn. Dann nahm die Mutter sich ein Herz. So mußte es richtig sein. Sie goß den Rest des Spiritus in den oberen, das Wasser in den unteren Behälter und gab den gemahlenen Kaffee hinein. Hier mußte angezündet werden, das hatte sie behalten. Das Streichholz machte ›Zisch‹ und erlosch. Sie verbrauchte eine ganze Schachtel Streichhölzer; es gelang ihr nicht, die Maschine anzuzünden.

Plötzlich stand der ganze Tisch in Flammen. Sie hatte ein glimmendes Streichholz auf den Spiritusfleck auf der Tischdecke fallen lassen.

Der Vater sprang erschreckt auf und stieß sich dabei die Pfeife in den Hals. Er war blau vor Wut, sagte aber noch immer nichts.

»Diese modernen Sachen, ich hab' es ja immer gesagt«, murmelte die Tante.

Der Mutter gelang es endlich, die Flammen zu erstikken.

Mit zitternden Händen machte sie sich wieder an der Maschine zu schaffen.

Oder mußte hier angezündet werden?

Der Vater hatte sich wieder im Lehnstuhl aufgebaut. Seine Geduld war beängstigend.

Ja, hier an diesem Hahn mußte gedreht und dann angezündet werden.

»Wwubb, wwubb«, schlug eine blaue Flamme aus der Maschine heraus.

Alles flüchtete vom Tisch weg.

Die Mutter stürzte in die Küche nach einem Eimer Wasser und setzte kurz entschlossen die ganze Maschine unter Wasser.

Die gemütliche Stimmung war so ziemlich zum Teufel.

»Ich habe den Spiritus, glaube ich, in den falschen Behälter getan«, preßte die Mutter bebend hervor; »ich habe das verwechselt. So, jetzt weiß ich es wieder. Das werden wir gleich haben, in fünf Minuten dampft der Kaffee auf dem Tisch.« Sie versuchte krampfhaft ihre Sicherheit zu bewahren. Sie nahm die Maschine und ging damit in die Küche.

Der Vater sagte noch immer nichts. Die Augen waren blutig unterlaufen. Er gab dem kleinen Erich lediglich einen Tritt, daß er mit dem Lampenschirm auf das Klavier flog. Die kunstgepunzte Mütze schlug er der Adele um den Kopf. Er sagte nichts dabei.

Nach kurzer Zeit kam die Mutter mit der Maschine wieder ins Zimmer. Sie brachte reines Tischzeug mit, und bald sah der Tisch aus, als ob nichts geschehen sei.

Der Vater ließ sich wieder im Lehnstuhl nieder. Die Kinder verkrochen sich hinter die Schränke. In der Maschine summte und brodelte es ganz behaglich. Kaffeeduft erfüllte das Zimmer.

Die Mutter blickte triumphierend um sich.

Der Vater war heute ein Wunder der Selbstbeherrschung. Er war nicht wiederzuerkennen. Es kämpfte zwar noch immer sichtlich in ihm. Er bemühte sich indessen sogar, Interesse für die Kaffeemaschine zu zeigen, und betrachtete sie aus nächster Nähe.

Pfitsch, zischschsch …! Ein starker Strahl glühendheißen Kaffees spritzte plötzlich aus der Maschine hervor, dem Vater mitten ins Gesicht.

Im Nu war sein Kopf eine große Brandblase, die mit dem Vater trotz seines verzweifelten Zappelns wie ein Luftballon an die Decke stieg.

Die Mutter kletterte auf einen Stuhl, um den Vater an den Beinen herunterzuziehen. Aber der Stuhl fiel um und sie schwebte jetzt, die Hände um die Beine des Vaters gekrampft, gleichfalls in der Luft. Laut heulend stürzten die Kinder herbei und klammerten sich an die Beine ihres geliebten Mütterleins, als plötzlich die Kaffeemaschine mit furchtbarem Knall zerplatzte und durch die Gewalt der Explosion die Wand des Zimmers nach außen gedrückt wurde. Durch die entstandene Öffnung wurde die ganze aneinander hängende Familie ins Freie geschleudert.

Heiß trafen die Sonnenstrahlen die Luftballonbrandblase und gaben ihr einen rapiden Auftrieb. Mit außergewöhnlicher Schnelligkeit stieg die ganze Familie in die Luft und war bald den Blicken entschwunden.

Nie wieder hat man etwas von ihnen gesehen.

Das Haus brannte vollständig nieder.

Im Schutt fand man außer der verbeulten Kaffeemaschine einige verbogene Haarnadeln und Korsettstangen und ein Gebiß: das waren die Überreste der Tante Rösele.

ILSE AICHINGER

Die Dioskuren aus Gumpendorf

E. M. Cioran berichtet von einem Freund, für den das Kaffeetrinken der einzige Grund zu existieren war: »Als ich eines Tages mit tremolierender Stimme den Buddhismus überschwänglich lobte, antwortete er mir: ›Das Nirwana ja, aber nicht ohne Kaffee!‹ Wir alle besitzen irgendeine Manie, die uns daran hindert, ohne Einschränkung dem letzten Glück zuzustimmen.«

Aber auf Fragen nach Sein oder Nichtsein lasse ich mich heute nicht ein. Stattdessen auf die Definition von Subtext. Der Ofen glüht und wummert, der Kellner hat geheizt und den ersten Espresso gebracht. Im Café Jelinek hat jeden Tag, von neun bis neun, der Dioskur des jeweils anderen Dienst: heute Sonntag ist es der Kellner mit Subtext, der seinen Job als Rolle beherrscht, ohne in dieser Rolle aufzugehen, er wirkt unabhängig, gelassen, smart und souverän. Der andere, subtextlosere, fehlt heute. Einer der beiden fehlt immer, das verstärkt den Gegensatz und die Verlockung zu glauben, man könnte den beiden auf die Spur kommen. Ihre tägliche Präsenz verhindert nicht, dass sie nie zueinanderkommen. Ob zwischen den beiden der schlecht erfundene »Schulterschluss« möglich wäre? Keiner der beiden Jelinek-Kellner gäbe sich mit solchen Simplifikationen zufrieden.

Obwohl immer nur einer der beiden im Café ist, sind sie füreinander und gegeneinander nötig – einer verleiht dem anderen Kontur. Ihre Beziehung beruht auf der wechselweisen Abwesenheit. Auch mord- und selbstmordgefährdeten Verwandten in hübschen Ein- und Zweifamilienvillen am Stadtrand sollte man das Café Jelinek empfehlen, seine beiden Dioskuren und ihre Fähigkeit, Distanz in Beziehung zu verwandeln. »Und lass den Schnee durch die Türritzen kommen«, heißt es in einem Gedicht von Günter Eich. »Und gönne Lena noch einen Schluck aus der Lampe« – ein Rat für ein Hausmädchen im Oderbruch, ein Gedicht zum Selbstmord einer jungen Frau.

»Sobald wir etwas aussprechen, entwerten wir es seltsam. Wir glauben in die Tiefe der Abgründe hinabgetaucht zu sein, und wenn wir wieder an die Oberfläche kommen, gleicht der Wassertropfen an unseren bleichen Fingerspitzen nicht mehr dem Meere, dem er entstammt. Wir wähnen eine Schatzgrube wunderbarer Schätze entdeckt zu haben, und wenn wir wieder ans Tageslicht kommen, haben wir nur falsche Steine und Glasscherben mitgebracht; und trotzdem schimmert der Schatz im Finstern unverändert.« (Maeterlinck)

Die Tassen klirren heute gemäßigter, das Feuer im denkmalgeschützten Ofen brennt sachte und ohne viel Geräusch, fast läuft der Tag zu leicht – wenig Möglichkeiten, sich in sich selbst zu verlaufen, wenig gefährlich und wenig spektakulär. Der Subtextkellner verstrickt sich nicht in seinem Rollenverhalten, findet leicht wieder heraus. Der Mime braucht die Erholung in der Dunkelheit, um im Rampenlicht glücklich agieren zu können. Die Frage bleibt, wie weit sie für ihn bereit und ob er dieser Erholung gewachsen ist.

»Der Stotterer ist der geborene Stilist«, konstatiert Cioran. Ob es möglich ist, diese Feststellung auch auf die Gestik zu übertragen? Mit dem subtextlosen Kellner fehlt heute ziemlich viel: seine latente Wehrlosigkeit und die nonlatente Zugewandtheit. Er wäre am heutigen Tag eine gewisse Erleichterung, er könnte der Dioskurität, jeder Gegensätzlichkeit aufhelfen. Das Klirren hinter der Theke, die umgekippte Kaffeetasse und die unrentable Menschenfreundlichkeit sind der Kraft der Negation näher als Glätte und offensichtliche Lebenskunst. Aber es genügt das Ambiente, der abgetretene Boden, die blaßgelben, ordentlichen Vorhänge, der Blick auf den Himmel über Gumpendorf. Im Café Jelinek, im unspektakulären sechsten Wiener Gemeindebezirk, helfen auch unter den Gästen die Subtextlosen und Gehemmten der Atmosphäre.

Im Burgkino wird heute »Un long dimanche de fiançailles« (ab 12, OmU) und um 15.30 h »The Third Man« gespielt, in dem meine Schwester einen halben Satz zu sagen hatte (»Wenn du mich den Wolfgang nicht heiraten lässt …«). Der Satz war noch näher an der Banalität als Graham Greenes Roman, aber er schlug auf seine subtextlose Art ein.

Meine Schwester wechselte den Beruf, versuchte sich, ehe sie zur Grafik und Abstraktion überwechselte, als Nachtkellnerin im »Shirokko«, einem Lokal in der Londoner City. Aber auch dort landete das Tomatendressing auf der kostbaren Stola einer Gästin. Hätte ich es serviert, so hätte es ebenso leicht auf ihrer aufgetürmten Frisur landen können – ähnlich der meiner Schwester bei ihrem kurzen Auftritt im »Third Man«.

Die »Mozartwoche Salzburg« bringt »Zaïde«. Cioran empfiehlt Mozart und Bach als Heilmittel gegen gewisse Grade der Verzweiflung. Aber der heutige, absolut nicht subtextlose Kellner hat keine Therapie nötig, er agiert geschickt, weniger clumsy und lärmend als der andere, aber nicht viel weniger. Der Gegensatz beginnt zu bröckeln. Im Theater am Schwedenplatz um 20 Uhr »Mogelpackung«. »Verkaufen Sie sich nicht zu billig!«, steht im Horoskop unter Mozarts Sternzeichen, und unter dem von Clemens, der schon lange auf dem Salzburger Friedhof liegt: »Solange Sie sich Veränderungen widersetzen, besteht wenig Aussicht auf Besserung.«

Die Überlegung, von welchem Ort ich gerne nach Wien zurückkäme, erübrigt sich im Augenblick bei den lauter werdenden Unterhaltungen im Café Jelinek. »Grüß Gott, Habe die Ehre, Guten Tag, Schönen Sonntag, Handkuss der Frau Gemahlin, Wiedersehen, Wiedersehen.« Manchmal überlege ich ein anderes Kaffeehaus, aber allein die Subtextfülle und der noch erstaunlichere Vorrat an Subtextlosigkeit geben dieser Eventualität keine Chance. Nur hier könnte ich herausfinden, wohin und wie weit Subtextlosigkeit und jede ihrer Schattierungen zuletzt und kurz vor zuletzt führen.

FABIO VOLO
Im Café zu Hause

Ich schlafe, und im Schlaf bin ich mir sicher, dass ich in einem Haus am Strand aufwache, in dem ich mit der Frau, die ich liebe, die Nacht verbracht und Augenblicke vollkommenen Glücks erlebt habe. Das Geräusch der Wellen hat erst das Wachsein begleitet, dann den Schlaf, du liegst in meinen Armen, und unsere Körper wärmen einander.

Doch als ich aufwache, befinde ich mich in einem Pariser Hotelzimmer, und obwohl mir rasch bewusst wird, dass es ein Traum war, höre ich immer noch das leise Klatschen der Meereswellen.

In Paris gibt's doch gar kein Meer!

Eine unbestreitbare Wahrheit, und schon höre ich den Straßenlärm der Metropole anschwellen.

Es ist zwanzig nach sieben. Der Wecker ist auf acht gestellt, aber wie so oft in letzter Zeit bin ich aufgewacht, bevor der Wecker klingelte. Heute ist das allerdings weniger mysteriös als sonst. Als ich gestern Abend ankam, war ich müde von dem anstrengenden Tag und von der Reise, also bin ich schon gegen zehn ohne Abendessen ins Bett gegangen und sofort eingeschlafen. Wenn ich abends nichts esse, ist das, als würde ich fasten: Ich wache bereitwilliger auf, in Vorfreude aufs Frühstück.

Vermutlich ist der wahre Grund für dieses vorzeitige Erwachen aber die Verabredung, die ich heute habe. Die wichtigste Verabredung meines Lebens. Ich weiß nicht, was genau passieren wird, es ist genauso geheimnisvoll und aufregend wie früher am Weihnachtsmorgen, wenn es draußen noch dunkel war und ich aus dem Bett sprang, um zu sehen, ob die Geschenke über Nacht gebracht worden waren. Aber jetzt bleibe ich im Bett liegen, verpackt und eingewickelt in Gedanken. Ich stehe nur auf, um die Vorhänge zu öffnen, dann schlüpfe ich gleich wieder unter die Decke. Ich liebe die Wärme nach dem Aufwachen und bleibe gern darin liegen. Sie hilft dabei, mich mit dem anzufreunden, was mich erwartet. Ich schaue aus dem Fenster und bewundere den Himmel und die Dächer von Paris. Ein paar Wolken ziehen schnell vorbei. Ich ordne meine Gedanken und betrachte mein Leben. Morgens bin ich mir sehr nah. Viel näher als abends. Wenn ich ins Bett gehe, denke ich auch oft nach, aber mit den Jahren habe ich festgestellt, dass ich morgens nachsichtiger mit mir bin. Gelassener. Wenn ich vor der Zeit aufwache, bleibe ich noch liegen und lausche auf all die kleinen Geräusche. Auch auf die in mir. Die im Haus, manchmal die der Nachbarn oder die von der Straße. Heute sind alle Geräusche neu. Türen, die geschlossen werden, Wasserhähne, die im Nebenzimmer laufen, fremde Sprachen auf dem Flur. Was ich zunächst für das Meer gehalten habe, ist in Wirklichkeit eine Kehrmaschine. Dieses Hotel wacht früh auf.

Der Wecker klingelt. Ich beschließe aufzustehen. Dusche und ziehe mich an. Es ist September. Der 16., um genau zu sein. Ich schaue aus dem Fenster, kann aber nicht erkennen, ob sich das Wetter ändert und es regnen wird. Wenn ich früher unbedingt wissen musste, wie das Wetter wird, habe ich immer meine Oma gefragt. Sie lag nie daneben. Ihr Standardsatz lautete: »Mir tun die Beine weh, also regnet's morgen.« Und prompt regnete es am nächsten Tag. Als Kind hatte ich eine kleine Madonnenstatue, die je nach Wetter die Farbe änderte, doch Omas Beine waren noch unfehlbarer als die Madonna.

Ich öffne das Fenster. Es ist nicht besonders kalt, aber ich nehme trotzdem einen Pulli mit.

Meine Mutter hat mir vor ein paar Monaten einen Trockner geschenkt. Seitdem wird bei mir zu Hause die Wäsche nicht mehr aufgehängt. Dafür laufen jetzt meine Kleider ein. Das T-Shirt, in dem ich geschlafen habe, reicht nur noch bis zum Nabel, und die Unterhose, die ich gerade angezogen habe, zwickt. Das Gerät trocknet und kürzt. Ich freue mich trotzdem darüber, weil jetzt meine frühere Methode ausgedient hat. Da warf ich die Kleidungsstücke noch in einem Haufen auf den Wäscheständer, wo sie im Verlauf einer Woche etappenweise trockneten – erst ein Ärmel, dann der Kragen und irgendwann der Rest. Schlimm ist, wenn man in solcherart getrockneten Klamotten schwitzt. Das stinkt dann wie nasser Hund.

Statt im Hotel zu frühstücken, suche ich lieber einen meiner Lieblingsorte auf, Le Pain Quotidien. Da ich in der Nähe des Centre Pompidou wohne, beschließe ich, einen Spaziergang zur Rue des Archives zu machen, in der sich das Lokal befindet. Le Pain Quotidien ist eine Kaffeehauskette, die es überall auf der Welt gibt. Jeder Laden ist gleich eingerichtet, alles ist aus Holz: Fußboden, Tische, Stühle,

Schränke, Theke. Helles Holz, nordeuropäisch. Beim Essen kommt man sich vor wie ein Eichhörnchen im Wald. Milchkaffee, Cappuccino, Filterkaffee, alles wird in Schalen serviert, wie bei meiner Oma.

Ich bestelle einen frischgepressten Orangensaft, einen Kaffee und ein Croissant. Wenn es etwas gibt, woran man merkt, dass man in Paris ist, dann am Geruch der Butter im Frühstückscroissant, der den ganzen Tag an den Händen haftet.

Der Laden ist schon voll. Außer Französisch wird an den Nebentischen Deutsch, Portugiesisch und Englisch gesprochen.

Ich ziehe den Pulli über. Es ist jetzt ein bisschen kühl.

Auf der anderen Straßenseite liegt das Starbucks mit den üblichen Sofas und Sesseln im Schaufenster. Wie oft habe ich mich an allen möglichen Orten in einen solchen Sessel gesetzt und ein Buch gelesen oder in den Computer getippt. Besonders, wenn der Flug nach Hause Verspätung hatte, ich das Hotelzimmer aber bis elf Uhr vormittags geräumt haben musste. Dann wurde das Café einen Tag lang mein Zuhause: Ich schlief sogar dort, in diesen Sesseln.

Meine Verabredung ist um elf im Jardin du Luxembourg. Es ist noch nicht mal zehn, und da ich gerade in der Nähe bin, beschließe ich, auf einen Sprung an einen anderen Lieblingsort zu gehen, die Place des Vosges. Jedes Mal, wenn ich diesen Platz erblicke, bin ich ganz ergriffen. Ich spaziere durchs Marais. Der September ist einer meiner Lieblingsmonate. Ich mag es, wenn ich auf einem Spaziergang die Sonne spüren will und die Straßenseite wechsele, weil meine im Schatten liegt. Viel schöner als im Sommer, wenn man es genau umgekehrt macht, der Sonne entflieht. In der Rue des Francs Bourgeois scheint die Sonne um diese Uhrzeit auf die rechte Straßenseite.

Ich erreiche die Grünflächen auf der Place des Vosges und setze mich bei einem der vier Brunnen auf eine Bank unter einen Baum. Die Luft ist kühl. Ich lege die Arme rechts und links auf die Rückenlehne, schließe die Augen und recke das Gesicht in den Himmel, um mich von den warmen Sonnenstrahlen küssen zu lassen. Als ich das Knirschen von Schritten auf dem Kies höre, öffne ich die Augen wieder. Eine junge Frau. Sie setzt sich auf die Bank neben meiner, öffnet den Laptop und beginnt zu tippen. Menschen mit Computern im Park sieht man immer öfter, via Wi-Fi kann man online gehen, und deshalb kommen viele Leute bei schönem Wetter zum Arbeiten ins Freie.

Die Frauen in Paris sind anders. Ich habe nie herausgefunden, aus welchem Grund ich sie schöner finde. Es scheint, als wären sie von Natur aus der Vulgarität der Welt entzogen. Vielleicht, weil ihre Art, sich zu kleiden, immer auch etwas Persönliches offenbart. Ihre Kleider erzählen von ihnen, charakterisieren sie. Da eine Brosche, da ein Hut, ein Paar Handschuhe, ein Band, eine Kette, eine Farbe in Kombination mit einer anderen. Es gibt Kleider, die stehen nur schönen Frauen gut, und andere, die stehen nur Frauen mit schönem Wesen. Die Kleidung des Mädchens auf der Bank nebenan sagt viel über sie aus, vermittelt den Eindruck, dass sie in ihrer eigenen Welt lebt, dass sie sich darin wohl fühlt. Wenn man sie so anschaut, möchte man am liebsten Teil dieser Welt sein.

Es ist gut möglich, dass sie ihre Kleidung günstig auf

dem Markt einkauft und dank der ihr eigenen Phantasie und einem Kombinationstalent etwas Originelles daraus macht. Frauen wie sie müssen nicht viel Geld ausgeben, um sich gut zu kleiden, sie haben einfach das richtige Händchen, kaufen irgendwelche Fetzen, kombinieren sie und sind plötzlich feminin und sexy. Es sind Frauen, die nach Apfel duften.

In jeder Stadt, in der ich länger lebte, habe ich früher oder später »meinen Ort« gefunden. Einen Ort, den ich zum Nachdenken aufsuche, der mir vertraut ist, wo ich für mich sein kann. Oft ist es einfach der erste Ort, den ich finde, wenn ich in einer neuen Stadt bin. In Paris ist es die Place des Vosges. Als ich noch in Paris lebte, war ich oft hier, vor allem sonntags, weil dann unter den Arkaden Musiker spielten, fast immer klassische Musik.

Der Spaziergang hierher hat mir gutgetan. Er hat mir geholfen, etwas von der Spannung abzubauen, die mit jeder Minute, die meine Verabredung näher kommt, steigt. Trotzdem bin ich noch immer aufgeregt. Vielleicht auch ängstlich. Ich fühle mich orientierungslos, als hätte ich die Aufregung nicht unter Kontrolle. Eine Aufregung, die wächst und nahezu unbezähmbar wird. Kein Wunder: Wenn diese Verabredung läuft wie erhofft, wird sie mein Leben vollständig umkrempeln.

STEFAN ZWEIG

Balzacs fünfzigtausend Tassen

Balzac schreibt und schreibt und schreibt, ohne Pause, ohne Stocken. Einmal entzündet, flammt und lodert seine Phantasie weiter, es ist wie ein Waldbrand, wo von Stamm zu Stamm, immer heißer, immer hitziger, immer schneller die Lohe um sich greift. Die Feder läuft in der feinen weibischen Hand so rasch über das Papier, daß das Wort den Gedanken kaum zu folgen vermag. Je mehr er schreibt, desto mehr kürzt Balzac die Silben ab, nur weiter, nur weiter, nur nicht zögern, nicht stocken; er kann nicht innehalten, nicht die innere Vision unterbrechen, und er wird nicht aufhören, ehe nicht die Hand im Schreibkrampf stockt oder dem Blick, dem vor Müdigkeit erblindeten, das Geschriebene verlischt.

Ein Uhr, zwei Uhr, drei Uhr, vier Uhr, fünf Uhr, sechs Uhr und manchmal sieben Uhr und acht. Kein Wagen mehr in der Gasse, kein Geräusch im Haus und im Zimmer als das leise Surren und Knistern des Kiels über das Papier und ab und zu das Rascheln eines weggelegten Blattes. Schon dämmert draußen der Tag, Balzac weiß es nicht. Für ihn ist Tag nur dieser kleine runde Kreis Kerzenschimmer, und es gibt keine Menschen als diejenigen, die er eben erschafft, es gibt keine Schicksale als die, die er schreibend erfindet. Es gibt keinen Raum, es gibt keine

Zeit, es gibt keine Welt als die eine und einzige seines eigenen Kosmos.

Manchmal droht die Maschine zu stocken. Auch der maßloseste Wille vermag nichts gegen das natürliche Maß der Kräfte. Nach vier, nach sechs Stunden ununterbrochenen Schreibens und Schaffens spürt Balzac, daß er nicht weiterkann. Die Hand erlahmt, die Augen beginnen zu tränen, der Rücken schmerzt, das Blut pocht drohend an die überhitzten Schläfen, die Spannung in den Nerven versagt. Ein anderer würde jetzt aufhören, würde ausruhen, würde mit so vollwichtiger Leistung sich dankbar bescheiden. Aber Balzac, dieser Dämon des Willens, gibt nicht nach. Das vorgesetzte Ziel muß erreicht werden, und wenn der Renner darüber zu Schanden geritten wird! Die Peitsche her, wenn der träge Kadaver nicht vorwärts will! Balzac steht auf – es sind dies seine einzigen knappen Pausen inmitten der Arbeit – tritt an den Tisch und entzündet die Cafetière.

Denn Kaffee ist das schwarze Öl, das allein diese phantastische Arbeitsmaschine immer wieder in Gang bringt, und darum für Balzac, dem nur die Arbeit etwas bedeutet, wichtiger als Essen, Schlafen und jeder andere Genuß. Während er den Tabak haßt, weil er nicht stimuliert, nicht zu jenem Übermaß führt, das für ihn das einzige Maß ist –

Tabak schädigt den Körper, greift den Verstand an und macht ganze Nationen stumpfsinnig –

hat er dem Kaffee den schönsten Hymnus eines Dichters gesungen.

Der Kaffee gleitet hinab in den Magen, und dann gerät alles in Bewegung: die Ideen rücken an wie Bataillone der großen Armee auf dem Schlachtfeld; der Kampf beginnt. Erinnerungen treffen im Sturmschritt ein als Fähnriche des Aufmarsches. Die leichte Kavallerie entwickelt sich in einem prachtvollen Galopp. Die Artillerie der Logik braust heran mit ihrem Train und ihren Kartuschen. Die geistreichen Einfälle greifen als Tirailleurs ins Gefecht ein. Die Gestalten kostümieren sich, das Papier bedeckt sich mit Tinte, die Schlacht hebt an und endet unter Strömen schwarzer Flut, so wie die wirkliche Feldschlacht in schwarzem Pulverrauch ertrinkt.

Ohne Kaffee keine Arbeit, oder wenigstens nicht jene unablässige Arbeit, der sich Balzac verschworen hat. Nebst Papier und Feder nimmt er überallhin als drittes Arbeitsutensil seine Kaffeemaschine mit, an die er gewöhnt ist wie an seinen Tisch, wie an seine Kutte. Niemandem überläßt er die Zubereitung, denn niemand anders würde dieses stimulierende Gift in solcher aufpeitschenden Schwärze und Stärke für ihn bereiten. Und so wie er mit einem abergläubischen Fetischismus nur eine gewisse Art Papier, nur eine bestimmte Form der Federn wählt, so dosiert und mischt er die Kaffeesorten nach einem besonderen Ritus. »Dieser Kaffee setzt sich aus drei Sorten von Bohnen zusammen, Bourbon, Martinique, Mokka. Den Bourbon kaufte er in der Rue de Montblanc, den Martinique in der Rue des Vielles Audriettes bei einem Krämer, der dieses glorreiche Rezept noch nicht vergessen haben dürfte, und den Mokka im Faubourg St-Germain bei einem Händler in der Rue de l'Université, doch wüßte ich nicht mehr zu sagen, bei welchem, obwohl ich Balzac wiederholt auf seinen Einkaufsexpeditionen begleitet habe. Es war jedesmal eine halbe

Tagesreise quer durch Paris, aber ein guter Kaffee war ihm so viel Mühe wert.«

Da Kaffee wie jedes Stimulans immer stärkere Steigerungen erfordert, um zu wirken, so muß Balzac, je mehr seine Nerven der Überspannung zu erliegen drohen, immer mehr von diesem mörderischen Elixier sich zumuten. Von einem Buche schreibt er, daß er es nur dank »Strömen von Kaffee« zu Ende geschrieben habe. 1845, nach fast zwanzigjährigem übertriebenem Genuß, gesteht er, daß sein ganzer Organismus durch dieses fortwährende »doping« vergiftet sei, und klagt, daß die Wirkung immer geringer werde.

Der Zeitraum, in dem die Inspiration durch den Kaffee vorhält, wird immer kürzer; er regt mein Gehirn jetzt nur noch fünfzehn Stunden lang an – eine verhängnisvolle Erregung; sie verursacht mir schreckliche Magenschmerzen.

Und wenn die fünfzigtausend Tassen überstarken Kaffees (auf soviel hat es ein Statistiker geschätzt) das gigantische Werk der *Comédie humaine* beschleunigten, so haben sie damit doch gleichzeitig sein urgesundes Herz vorzeitig zum Bersten gebracht. Ausdrücklich wird Dr. Nacquart, der ihn als Freund und Arzt sein ganzes Leben hindurch beobachtend begleitete, als die eigentliche Todesursache feststellen: »Ein altes Herzleiden, verschärft durch Nachtarbeit und den Gebrauch oder besser Mißbrauch von Kaffee, zu dem er seine Zuflucht nehmen mußte, um das natürliche menschliche Schlafbedürfnis zu bekämpfen.«

Der siegreiche Espresso

15. Juni 1975

Liebe Alice,

ich weiß, die französische Küche ist gar nicht so französisch, wie sie tut, obwohl ich das auch lange Zeit meinte. Aber ich weiß es wirklich nur dank Dir.

Aber warum redest Du von historischen Zeiten? Vom damaligen Siegeszug der italienischen Küche? Gibt es heute nicht etwas Entsprechendes?

Als ich in den ersten Nachkriegsjahren in Italien war und dabei bis nach Neapel hinunterkam, aß ich dort Pizza. Es war etwas völlig Ungewohntes, das man auch schon kaum in Mailand gekriegt hätte. Verschwiegen denn bei uns. Das kann man sich kaum mehr vorstellen, wenn man an die abgepackten Pizzas in den Supermärkten denkt. Aber es war damals in andern Städten nicht viel anders.

Als ich in Paris studierte, so um die fünfziger Jahre herum, kannte ich jemanden, der von einem italienischen Restaurant wusste. Man musste dazu hinfinden, es war ein Geheimtipp; italienisch essen gehen hatte damals etwas Exotisches. Als ich später einen Pariser Freund traf und wir zusammen essen gehen wollten, schlug er eine ganze Liste von Pizzerias in einem Rayon von ein paar Straßenzügen vor.

Und ähnlich ging es mir in London. Als ich zur Zeit der Austerity zum ersten Mal dort war, fand ich die Spaghetti kalt, zur Garnitur gerollt, auf einem Stück Brot als Sandwich. Inzwischen kann ich mir London, vor allem das einstige Swinging London, gar nicht mehr ohne italienische Restaurants vorstellen. Ich meine damit nicht die teuren Spezialitätenrestaurants, sondern genau das Gegenteil, nämlich populäre italienische Gaststätten, die en vogue geblieben sind.

Ich kenne jedenfalls keine europäische Küche, die in gleichem Maße in den letzten beiden Jahrzehnten einen solchen Siegeslauf erlebt hat wie die italienische. Natürlich hängt das auch damit zusammen, dass die Leute viel mehr reisen und auch das zu essen beginnen, was der Bauer sonst nicht frisst. Aber das scheint mir als Erklärung nicht zu genügen.

Bietet sich hier für Dich nicht eine einzigartige Gelegenheit? Statt dass Du zur Historikerin der italienischen Küche wirst, könntest Du doch zu deren Chronistin werden: »Wie die ars coquinaria italiana im fünften und sechsten Decennium eines Jahrhunderts wie dem unseren immer mehr ausländischen Gaumen zur erlaubten Wollust verhalf«. Und beginnen könntest Du mit Deiner eigenen Küchenausstattung – habe ich doch bei Dir letzthin einen vorzüglichen Espresso getrunken. Und dies dank einer amerikanischen Maschine, deren Namen ich jetzt nicht nennen will. Und es war wirklich ein Espresso, wie man ihn sonst nur in einer italienischen Bar kriegt.

Darf ich mir in Deiner zeitgenössischen Chronik über den Siegeslauf der italienischen Küche das Kapitel über den

Espresso reservieren? Ich bin doch ein leidenschaftlicher Kaffeetrinker, das weißt Du. Und ich gäbe mir in diesem Abschnitt, oder sagen wir bescheidener, im Espresso-Anhang, alle Mühe, von so viel Arten des Kaffeetrinkens wie nur immer möglich zu berichten. Für mich ist doch der Frühstückskaffee zum Beispiel ein anderer Kaffee als der, den ich nach dem Essen trinke und wozu man vielleicht einen Schnaps nimmt; und noch etwas anderes sind der Capuccino mit seinem Schokoladepulver und die spanische Art, den Kaffee zu trinken: ein Stück Schokolade in den Mund zu stecken und es mit dem Kaffee zergehen zu lassen, ganz abgesehen von dem Kaffee, in den man etwas Vanille tut. Es hat mir immer eingeleuchtet, dass Wien, die erste kaffeetrinkende Stadt, bis heute die verschiedensten Namen für den Kaffee kennt, je nachdem, wie er serviert wird – unter all diesen Arten, den Kaffee zu trinken, hat der Espresso ebenfalls einen Siegeslauf hinter sich, auch wenn noch lange nicht alles, was Espresso heißt, auch Espresso ist: ganz wenig Kaffee, ganz stark, ganz heiß und gezuckert. Selbst mit dem Zucker halte ich es verschieden, aber das wirst Du alles genau lesen können, wenn Du Dich entschlossen hast, einmal aktuelle Küchengeschichte zu schreiben.

Mit besten Grüßen   *Hugo*

Lieber Hugo,

schwarz auf weiß zu lesen, dass Du bei mir einen Espresso getrunken hast, »wie man ihn sonst nur in einer italienischen Bar kriegt«, hat mich beglückt. Das war sozusagen die Teilerfüllung eines Jugendtraums; denn als ich noch studierte und nicht wusste, wie ich später einmal Geld verdienen würde, stellte ich mir manchmal vor, das Einfachste wäre, eine Espressobar aufzutun und die Zürcher zum italienischen Kaffee zu bekehren. Auf die Idee bin ich wahrscheinlich in der »Züri-Bar« in der Nähe der Zentralbibliothek gekommen, wo ich meine ersten Espressi getrunken habe.

Viele Grüße *Alice*

OTTO JÄGERSBERG
Kampf mit der Kaffeemaschine

Ich kämpfte mit der Kaffeemaschine. Zäh. Was für ein Gegner. Mit allen technischen Raffinessen ausgestatteter Automat. Dauerblinker. Blink blink. Ich zog den Stecker raus, ich tat ihn wieder rein, ich schüttelte das Ding, ich schlug drauf, ich schimpfte und schnob vor Zorn. Dann irgendwie, nach Stunden, ging's wieder. Sagte mir aber nicht, warum. Auch nicht, was war. In Deutschland erdacht, in Deutschland gemacht.

ALFRED ANDERSCH

Die erste Stunde

Das Ding, das der Pförtner krachend hinter ihm ins Schloß warf, war weder eine Pforte noch ein Tor, sondern nichts weiter als eine große eiserne Türe, ein stählernes Rechteck, das man in eine Mauer aus Ziegelsteinen eingelassen hatte.

»Na denn alles Gute, Ehlers!« hatte der Pförtner zu ihm gesagt.

»Herr Ehlers, wenn ich bitten darf!« hatte er geantwortet.

Dann das Krachen der Türe. Es störte ihn nicht. Er war es gewöhnt. Dort drinnen gab es entweder die Totenstille oder den Krach. Es gab dort nur schmetternde Türen, hallende Schritte, das Rasseln der Blechgeschirre, Gebrüll. Dazwischen die Stunden, in denen nichts zu hören war. Nichts. Nur in der Werkstatt erzwang die Arbeit die festgelegten Geräusche von Hobel und Säge, die Mitteilungen in Wörtern, die Zeichen und Blicke.

Als das Krachen vorbei war, lauschte er auf das, was hier draußen zu hören sein würde. Er vernahm das Singen einer Motorsäge in der Ferne, das wieder verging, nachdem es sich in einen unerträglich hohen Ton hineingesteigert hatte.

Auf seiner Seite zog sich die Mauer lang hin. Auf der anderen Seite standen alte, vierstöckige Mietshäuser. Die

Straße war leer, mit Ausnahme von drei Autos, die in weiten Abständen voneinander geparkt worden waren. Sie sahen aus, als ständen sie schon seit Jahren da.

Fünfzig Meter weiter rechts unterbrach sich die Straße, um eine andere Straße einzulassen. Er las die verwitterten Frakturbuchstaben des Namens der Eckkneipe, die er aus den Berichten der Rückfälligen kannte: *Zur frischen Quelle.* Alle oder fast alle gingen als erstes in diese Kneipe, wenn sie entlassen wurden.

Jetzt kam eine Frau um die Ecke. Sie trug eine Einkaufstasche. Ihr Wintermantel machte sie unförmig. Da er noch immer vor der eisernen Türe stand, blickte sie mit ihrem versorgten Gesicht neugierig zu ihm hinüber. Er starrte zurück, worauf sie wegsah und eilig in einem Hauseingang verschwand. Die Häuser hier hatten keine Türen, sondern große offene Eingänge, dunkle Durchgänge zu Hinterhöfen.

Er dachte: Montag, der 12. Januar 1970, vormittags zehn Uhr.

Das Wetter war grau, und es war nicht sehr kalt. Wenigstens regnete es nicht. Während der letzten Jahre war es seine größte Sorge gewesen, daß es an diesem Tag regnen würde, daß das Wetter ihn zwingen würde, schnell wegzugehen, vielleicht sogar zu laufen, sich irgendwo unterzustellen, eilig das nächstbeste Café zu suchen. Regenwetter hätte alles verdorben.

Er begann endlich damit, fortzugehen, so langsam wie möglich.

Sie hatten ihm einen neuen Anzug und einen neuen Mantel gegeben, weil ihm die Kleider, die er vor zwanzig Jahren ausgezogen hatte, nicht mehr paßten. Er war damals, mit siebenunddreißig, eher schmächtig gewesen, zwar groß, aber von hagerer Größe, während er jetzt ein schwerer, umrißloser Mann war.

Er hatte beanstandet, daß die Hosenbeine des Anzugs zu eng geschnitten seien.

»Die sind ja wie Röhren«, hatte er gesagt.

»Man trägt sie jetzt so«, hatte der Kalfaktor in der Kleiderkammer geantwortet. »Du würdest direkt auffallen, wenn du in deinen weiten alten Buxen daherkämst.«

Außerdem paßten sie eben im Bund nicht mehr. In seine alte Jacke war er kaum noch hineingekommen.

Er bekam auch ein neues Hemd, neue Wäsche und Socken, eine blau und braun gestreifte Krawatte, die ihm nicht gefiel, und neue Schuhe. Sie waren vorne spitzer als seine früheren Schuhe, die einen Augenblick lang plump und ausgetreten neben den neuen standen, ehe der Kalfaktor sie in eine Kiste warf. Den Hut, den man ihm anbot, lehnte er ab, bat statt dessen um einen Schirm. Mit Hilfe eines Streifens Leukoplast, den er schwarz übermalte, brachte er ihn nachher, in seiner Zelle, in eine eng gerollte Form. Von seinen alten Sachen behielt er nur einen schwarzen Wollschal.

Er ging auf die andere Straßenseite hinüber, an den Häusern entlang. Vor einem Parterrefenster blieb er stehen, um eine Vase und einen Topf mit Alpenveilchen zu betrachten, die auf dem Fensterbrett standen. Die Vase war bauchig geschwungen, mit einem lila Blumenmuster bemalt, staubig, und sie hatte einen Sprung. Die Alpenveilchen waren wie Alpenveilchen. Er blickte so lange auf diese beiden Gegenstände, bis er bemerkte, daß hinter dem Fenster, in dem gläsernen Grau der Voilegardinen schattenhaft ein Mann stand, der gleich ihm die Vase und die Cyklamen betrachtet haben mußte und ihn jetzt anstarrte. Er trug einen dunkelgrauen Mantel und einen schwarzen Wollschal, er hatte die Hände in die Manteltaschen gesteckt und in die Beuge des linken Unterarms den Griff eines eng gerollten Regenschirms gehängt. Von seinem Gesicht war nicht viel zu erkennen, es schien ein monotones, vielleicht schon erschlafftes Gesicht zu sein, nur die Nase hob sich mit ihrem schmalen geraden Rücken deutlich ab, hatte der Veränderung widerstanden. Und seine Haare waren noch dicht; er trug sie nach rechts gescheitelt. Während der letzten Wochen hatte er sie wieder wachsen lassen dürfen. Sie waren seinerzeit schwarz gewesen. Seine neuen Haare waren eisengrau.

Er wandte sich ab. Von hier aus, nicht mehr unmittelbar unter der Mauer stehend, konnte er die Gebäude des Zuchthauses überschauen. Er hielt sich nicht lange damit auf. Da die Zellen alle um den Innenhof des quadratischen Haupttrakts herum angeordnet waren, wußte er, daß er von hier aus sein Zellenfenster nicht sehen konnte. Deswegen hatte er auch niemals einen Blick auf die Straßen um das Zuchthaus werfen können; es hätte nichts genützt, sich an den Gitterstäben hochzuziehen, in der Hoffnung, etwas anderes erblicken zu können als andere Zellenfenster. Wenn er es trotzdem manchmal tat, dann nur, um den Himmel zu betrachten, besonders wenn interessante Wolkenbildungen zu vermuten waren oder wenn ein Platzregen auf die Dächer niederging. Während der letzten Jahre hatte er ganz auf diesen Klimmzug verzichtet; er war ihm zu mühsam geworden.

An der Ecke angelangt, las er die Namen auf den Straßenschildern. Die Straße, welche die Mauer entlangführte, hieß Angerstraße, die andere, die in sie mündete, Poelnitzstraße. Er wiederholte die Namen ein paarmal, und nicht nur lautlos, im Geist, sondern mit halblauter Stimme: »Angerstraße, Poelnitzstraße.« Diese Namen waren die ersten Worte, die er sprach. Das Licht in den Straßen, unter dem grauen Winterhimmel, zwischen den alten Zinshäusern, war fleckig braun, mit Strichen aus Kreide darin, aus Kohle.

Genugtuung erfüllte ihn, wenn er daran dachte, daß er es fertiggebracht hatte, die Begleitung abzulehnen, die man bei diesem Gang für unerläßlich gehalten hatte.

»Selbstverständlich beschaffen wir Ihnen ein Zimmer und eine Arbeitsstelle, ehe Sie uns verlassen«, hatte der Direktor zu ihm gesagt, als er ihm mitgeteilt hatte, die lebenslängliche Haft sei auf zwanzig Jahre verkürzt worden. »Und wir geben Ihnen jemand mit, der Sie hinbringt.«

»Ich will niemand dabei haben, wenn ich hier rauskomme«, hatte er geantwortet.

»Tut mir leid, aber es ist Vorschrift!« Die Stimme des Direktors war sogleich wieder scharf geworden. Vielleicht ärgerte er sich auch, weil der Mann, dem er sogar einen Stuhl angeboten hatte, keine Spur von Freude oder Dankbarkeit darüber zeigte, daß er begnadigt worden war.

»Ich geh hier entweder allein raus oder gar nicht!«

Er wußte, daß diese Sturheit, die sie noch dazu bei ihm nicht gewohnt waren – sie kannten ihn nur als einen schweigsamen, sich in alles fügenden Typ –, seine Entlassung um einige Wochen verzögert hatte. Die zwanzig Jahre wären schon Ende November vorbei gewesen, nicht erst im

Januar. Schließlich hatten sie nachgegeben. Er wußte, daß sie ihn nicht länger behalten konnten. Er war überhaupt nicht begnadigt worden. Zwanzig Jahre waren einfach die längste Zeit, die ein Lebenslänglicher absitzen mußte. Von Verkürzung konnte da gar keine Rede sein.

Sich vorzustellen, er würde nun neben irgendeinem Kerl, den sie ihm mitgegeben hatten, durch diese Straßen gehen müssen! Möglicherweise gezwungen sein, sich mit ihm zu unterhalten!

Dieser Begleiter hätte ihn wahrscheinlich gefragt, ob er in der Eckkneipe, vor der er stehengeblieben war, ein Bier trinken wolle. Solche Leute, Sozialfürsorger oder was sie waren, hielten sich für psychologisch geschult, hatten Verständnis. Seine Antwort, er sei kein Kneipengänger, wäre natürlich günstig aufgenommen worden, aber dafür, daß er hier eine Weile herumstand und die Texte auf den Brauerei-Schildern sorgfältig und flüsternd las, würde so einer nicht viel Geduld aufgebracht haben. Nicht so viel Zeit, wie er brauchte.

Er riß sich schließlich los und ging, noch immer langsam, zögernd, die Poelnitzstraße entlang, die genau so aussah wie die Angerstraße. Einmal drehte er sich um und blickte auf die Mauer und das Zuchthaus zurück. Zuletzt sah er sie vom Ende der Poelnitzstraße aus, jetzt schon kleiner, die dunkelrote Mauer und den Teil des zementgrauen Klotzes, der die Straßenbreite bedeckte, als kalte eindimensionale Fläche, als rot-graue Fahne, die im Hintergrund von zwei Reihen alter Zinshäuser hing. Er ging um die Ecke, da war alles verschwunden. Er kehrte bis zur Ecke zurück, vergewisserte sich, daß alles noch da war, erst dann bog er endgültig in die dritte Straße ein, deren Namen er ebenfalls ablas, doch sogleich wieder vergaß. Unterwegs war er ein paar Leuten begegnet. Er bemerkte, daß sie ihn musterten, und er beobachtete, wie sie alle den Blick senkten, wenn er sie unverwandt ansah.

Diese Slum-Vorstadt, dieses Zuchthausviertel war genau so, wie er es sich vorgestellt hatte. Es hatte ihn nicht enttäuscht. Erst als er im Ausschnitt des Endes jener dritten Straße eine horizontale und schnelle Bewegung wahrnahm, ein graues Wischen, das zugleich Bild und Geräusch war, spürte er, daß er an etwas Neues geraten würde, an eine Sache, die er nicht kannte. Er hatte im Zuchthaus darum gebeten, den Stadtplan einsehen zu dürfen, und er wußte, daß er jetzt auf eine breite Ausfallstraße gelangte, auf der er ein paar hundert Meter nach links gehen mußte, um den Endhaltepunkt der Straßenbahn zu erreichen. Aber auf dem Plan, den ihm der junge Referendar erläuterte, der seine Entlassung leitete – der Direktor hatte sich nicht mehr blicken lassen –, war diese frühere Chaussee als ein breiter weißer Streifen eingetragen, der in ihm seltsamerweise den Eindruck von Ruhe und Leere erzeugt hatte.

Was für ein Irrtum! Das also hatte er verpaßt! 1948, als sie ihn eingeliefert hatten, war der Verkehr ganz anders gewesen, ein lockerer Lärm, der kam und wieder verging, nicht dieses gleichmäßige Rauschen. Sie hatten jetzt schönere Autos, glattere, schlüpfrigere, und die Lastwagen waren Bässe, singende Ungetüme, dunkel und stumpf. Einen Augenblick lang zwang er sich dazu, diese ganze, von Bewegung überflutete Straße zu bewundern. Das stereotype Aufblitzen der Überholzeichen, die länger verweilenden

Takte der Bremssignale woben eine Art Lichtmusik rot durch das Grau der laufenden Stränge. Schließlich hatte er dergleichen noch nie gesehen; er hatte davon überwältigt zu sein. Dies hier war der Vormittagsverkehr einer nicht einmal besonders großen Stadt! Statt dessen blickte er kalt auf den Betrieb. Er fragte sich, ob er bloß deswegen nichts als Widerwillen empfand, weil er die Entstehung dieser Auto-Welt verpaßt hatte. War er neidisch? Er wußte es nicht. Er erinnerte sich daran, daß der junge Referendar zu ihm gesagt hatte: »Passen Sie auf, Herr Ehlers, wenn Sie rauskommen! Seien Sie vorsichtig! Sie kommen in eine ganz neue Welt.« Der junge Mann hatte ihn immer, und in ganz selbstverständlichem Ton, als ›Herr Ehlers‹ angesprochen. Hatte er, wenn er von einer neuen Welt sprach, diese monoton vorbeitreibenden Blechhöhlen gemeint, in denen Menschen saßen, die aus nichts bestanden als aus den Umrissen ihrer Oberkörper?

Wenn er im Weitergehen nicht zur Straße hin blickte, so blieb die Welt noch eine Weile alt: die gleichen Häuser wie vorhin, und dort, wo sie endeten, ein freier Platz, von hohen und leeren Pappeln umsäumt, auf dem eine altertümliche Straßenbahn wartete, Triebwagen und Anhänger, blaßgelb angestrichen. Sie war genau so, wie er sie erwartet hatte: blaßgelb und fein gezeichnet, an einer Endhaltestelle, in einer Schrebergartenlandschaft mit Pappeln.

Er überlegte, ob er in den Triebwagen oder den Anhänger einsteigen solle, entschied sich dann doch für den Triebwagen, blieb aber auf der hinteren Plattform stehen.

Im Inneren saßen zwei Frauen. Als die Schaffnerin auf ihn zutrat, sagte er: »In die Stadt, bitte!«

Er hatte sich diese Formel vorher zurechtgelegt. Sie würde erfahren und beiläufig klingen. Aber sie funktionierte nicht.

»Wohin denn in die Stadt?« fragte die Schaffnerin.

»Na, ins Zentrum eben«, antwortete er. Er hatte es falsch angefangen. Er senkte den Kopf und kramte in seiner Manteltasche nach Kleingeld, zog ein Zweimark-Stück hervor.

»Fahren Sie bis Nicolaiplatz mit!« sagte die Schaffnerin nach einer Pause, in der sie ihn angesehen haben mußte. »Da sind Sie mitten in der Stadt. Ich werd' Ihnen Bescheid sagen, wenn wir da sind.«

Sie hatte wohl öfter solche Passagiere wie ihn. Hier draußen gab es nichts als die Vorstadt und das Zuchthaus. Die Leute in den Vorstadtstraßen hatten ihn auch gleich erkannt. Solange man ihm noch ansah oder wenigstens vermuten konnte, woher er kam, war er noch nicht wirklich entlassen.

»Vielen Dank!« sagte er.

Sie gab ihm Geld heraus. Erst als sie durch das Wageninnere ging, wagte er es, sie zu betrachten. Er schätzte sie auf Dreißig, fand sie hübsch.

Wenn sie wüßte, dachte er, daß sie die erste Frau gewesen ist, mit der ich seit zwanzig Jahren ein paar Worte gewechselt habe!

Die letzte, mit der er gesprochen hatte, vor zwanzig Jahren, war die Tochter seiner Zimmerwirtin gewesen. Er hatte sie umgebracht. Eines Tages, als er es nicht mehr aushalten konnte, hatte er nach ihr gegriffen. Sie hatte angefangen zu schreien. Er hielt ihr den Mund zu, aber sie hörte nicht auf zu schreien, bis er seine Hände um ihren Hals legte.

Die winterlichen Schrebergärten, dann, noch ehe die Häuser begannen, ein erster Blick auf die Förde, an der die Stadt lag. Er sah Schiffe an Kais liegen, gegenüber die Hügel mit Villen und Baumkronen.

Er hatte eine oder zwei Minuten lang gar nicht begriffen, daß sie tot war, als sie in seinen Armen hing. Er hatte sie geschüttelt, an eine Ohnmacht geglaubt.

Im Verlauf der zwanzig Jahre hatte er sich darin geübt, dem Bild zu begegnen, wenn es wiederkam. Er schob es nicht von sich fort. Er hatte auch damit gerechnet, daß es sich in dieser ersten Stunde einstellen würde. Übrigens hatte es sich zu seinem Erscheinen einen ungünstigen Moment ausgesucht; er konnte geradezu beobachten, wie es in der Windstille über der Januar-Bucht ausbleichte, dann ganz verschwand.

An den Haltestellen stiegen Leute ein, die ihm keinerlei Beachtung schenkten. Allmählich stand er eng gepreßt unter ihnen, schweigend wie sie. Die Schaffnerin rief den Bahnhof aus. Eigentlich hätte er hier aussteigen müssen. Man hatte ihm eine Arbeitsstelle in Kiel und eine Fahrkarte dorthin besorgt. Sie erwarteten von ihm, daß er sich ohne Verzug nach Kiel begab.

Da er über ein Jahr in der Wohnung gelebt hatte, billigten sie ihm nicht Totschlag zu, sondern verurteilten ihn wegen Mordes. Nicht gerade vorsätzlichen, aber doch Mord, ein Triebverbrechen, wie sie sich ausdrückten. Damals wäre er durchaus einverstanden gewesen, wenn man ihn aufgehängt hätte, aber nur kurze Zeit später war er ihnen doch dankbar dafür, daß sie die Todesstrafe abgeschafft hatten. Er bildete in sich ein klares Verhältnis zu seiner Tat aus. Einmal war er mit einem juristisch gewieften Mitgefangenen darüber ins Gespräch geraten, der zuletzt ausgerufen hatte: »Und dafür lebenslänglich! Mensch, du mußt einen Idioten von Anwalt gehabt haben!«

»Sie hätte gelebt«, hatte er erwidert.

Nachdem fünfzehn Jahre verstrichen waren, hatte er sich bei dem Direktor gemeldet und gefragt, ob seine Strafe abgekürzt werden könne.

»Hm, Mord«, hatte der Direktor gesagt, »und aus Triebgründen. Ich kann ja mal anfragen.«

Er hatte einen Fehler begangen.

»Herr Direktor«, hatte er gesagt, »ich habe, während ich hier bin, drei Leute kennengelernt, die wegen Beihilfe zum Mord in zweitausend, dreitausend und siebzehntausend Fällen verurteilt waren.«

»Und? Was wollen Sie damit sagen?« Der Direktor war bekannt dafür, daß er wegen jedem Dreck in einen gereizten Ton verfiel.

Er hatte es ihm so sanft wie möglich zu erklären versucht: »Diese Leute sind lange nach mir gekommen und lange vor mir wieder gegangen.«

»Also wenn Sie mir so kommen …« Damit war die Unterredung beendet gewesen. Er hatte nichts mehr von seinem Gesuch gehört, bis fünf Jahre später, bis er eben dran war.

Die Schaffnerin trat auf die Plattform und gab ihm ein Zeichen. Er nickte. Als der Wagen hielt, half sie ihm dabei, aus dem Gedränge zur Türe zu finden. Sie behandelte ihn fast wie einen Invaliden.

Nachdem er ausgestiegen war, wartete er auf dem Bürgersteig, bis die Straßenbahn abgefahren war. Er wollte ganz sichergehen, daß diese Schaffnerin verschwunden sein würde, ehe er die ersten Schritte tat.

Der Nicolaiplatz war nur ein schmales längliches Rechteck, das eine lange Straße unterbrach, offensichtlich die Hauptstraße dieser mittelgroßen Stadt. Er steckte die Hände wieder in die Taschen, ließ den Schirm von seinem linken Unterarm hinabhängen, maß die Straße mit den Blicken aus. Überall Menschen, aber man konnte nicht von einem Menschenstrom sprechen. Autos fuhren an ihm vorüber, nicht so viele wie vorhin auf der Ausfallstraße, aber doch ganz schön viele, mehr, als er gewohnt war. Er gebrauchte in Gedanken tatsächlich den Ausdruck *gewohnt sein,* obwohl er doch alle Gewohnheiten verloren hatte, sie sich erst wieder angewöhnen mußte.

Hier würde ihn nun endlich niemand mehr kennen oder erkennen.

Er ging los, nach links, weil in dieser Richtung die Straße länger und belebter war, blieb aber gleich vor einem Zeitungsstand stehen. Das gehörte zu den Szenen, die er sich am genauesten vorgestellt hatte: an einen Zeitungsstand treten und eine Zeitung kaufen. Es gab auch im Zuchthaus Zeitungen, aber man mußte schlau sein, um in ihren Besitz zu kommen, die Wärter anbetteln oder komplizierte Jagden nach ihnen veranstalten; das Zuchthaus war vor allem auch ein Labyrinth. Übrigens hatte er sich den Zeitungskauf zu einfach vorgestellt; er hatte nicht damit gerechnet, daß er, ehe er sich endlich entschloß, die Zeitung zu verlangen, eine Weile benommen auf die Titelblätter der ausgehängten Illustrierten starren würde, die mit den farbigen Bildern nackter oder fast gänzlich entblößter Frauen bedruckt waren. Darauf war er nicht gefaßt gewesen. Seit wann gab es das denn? Zu seiner Zeit hatte es solche Bilder in kleinen schmierigen Magazinen gegeben, die der Zeitungshändler an einer versteckten Ecke des Standes aufhing. Jetzt hingen sie groß über die ganze Schauwand des Standes, am belebtesten Platz der Stadt. Es war verrückt. War das die neue Welt, vor der ihn der junge Referendar gewarnt hatte? Er sah sich vorsichtig um: die Leute gingen an dem Stand vorbei, beachteten die Bilder gar nicht. Sie mußten verrückt geworden sein. Oder vollendete Heuchler. Wahrscheinlich beides: verrückte Heuchler.

Als er spürte, daß der Mann in der hölzernen Bude ihn beobachtete, kaufte er hastig eine Zeitung. Er las die Überschrift: *Biafra am Ende.* Das Wort *Biafra* sagte ihm nichts.

Er steckte die Zeitung in die Tasche. Um diese Zeit arbeitete er sonst in der Schreinerei des Zuchthauses. Mittags würde er wieder in seiner Zelle sitzen. Nach ein paar Jahren hatten sie ihm erlaubt, Bilder in der Zelle aufzuhängen. Er hatte nur ein einziges an die Wand geklebt, eine Meereslandschaft, die er aus einer Zeitschrift ausgeschnitten hatte. Auch einen Radioapparat hatten sie ihm schließlich bewilligt, ein altes Ding, das blechern tönte und das er fast nie andrehte. Er las viel, abends, ehe sie um acht Uhr das Licht abschalteten, und an den Sonntagen. Um sechs Uhr wurde geweckt. Während der ganzen Jahre hatte er nur zweimal geschrien, geweint und an die Türe gehämmert. Sie waren gekommen und hatten ihm eine Spritze gegeben.

Jetzt ging er eine Hauptstraße entlang, an Leuten vorbei,

unter einem gleichmäßig grauen Himmel, an einem nicht sehr kalten Tag.

Er hatte um zehn Uhr noch vierhundertdreiundzwanzig Mark und siebzig Pfennige besessen. So viel hatten sie ihm ausgezahlt, nach zwanzig Jahren Arbeit. Die Straßenbahn hatte achtzig Pfennige gekostet und die Zeitung vierzig.

Für den Auftritt von Mädchen in Miniröcken hatte er sich präpariert. Aus den Zoten der Gefangenen, die erst während der letzten Jahre gekommen waren, hatte er erfahren, daß es sie gab. Sie erschienen ihm zum erstenmal auf der Fläche der großen Schaufensterscheibe eines Möbelgeschäfts, vor dem er stehengeblieben war. Er wollte sich schon umdrehen, aber sie hielten inne, fingen miteinander zu schwätzen an, eine Bande erwachsener Schulmädchen, so daß er am besten stehenblieb und auf die Scheibe starrte, um sie unauffällig beobachten zu können. Nur eine hatte so lange und schlanke Beine, daß sie ihm gefiel; die anderen hätten seiner Meinung nach ihre Schenkel besser bedeckt gelassen. Hinter ihnen fuhren die Autos über die Schaufensterscheibe. Er sah die Autos, die Mädchen, andere Leute, sich selbst, die Möbel. Er zwang sich, die Möbel zu betrachten. Die meisten gefielen ihm. Sie arbeiteten jetzt viel mit Furnieren aus weißem Polyester. Der Kunststoff wurde auf wertlose Bretter aus Holzmasse geklebt; man zahlte, wie er gehört hatte, heute für den Entwurf, nicht für das Material. Auch er hatte schon die dünnen weißen Tafeln unter das Messer des Querschneiders gelegt. Wenn man die Teile auf Tischplatten, Schranktüren oder Regalbretter klebte, entstanden glatte Stücke. Im Spiegel einer Frisierkommode, in der Tiefe des Raums, zeigten sich auf einmal sehr deutlich die langen schlanken Beine des hübschen Mädchens, verschwanden wieder. Er war Büroangestellter gewesen, Buchhalter in einer Maschinenfabrik; man hatte ihn auch im Zuchthaus in einem Büro beschäftigt. Nach zwei Jahren hatte er darum gebeten, als Schreiner angelernt zu werden. Sie hatten ihn zuerst ausgelacht, mit Neununddreißig konnte niemand noch ein so schwieriges Handwerk lernen. Er war fest geblieben, immer dringender geworden. Ein paar Jahre später war er einer der besten Schreiner. Er pflegte zu sagen, daß er gestorben wäre, wenn er weiter Büroarbeit hätte verrichten müssen; vor allem konnte er sich nicht vorstellen, daß er nach seiner Entlassung imstande wäre, seine Tage in einem Büro zu verbringen. Als er sich endlich umwandte, gingen die Mädchen gerade auseinander. Sie gingen auf dem Trottoir weiter, nahe am Bordstein, an den Autos entlang, oder sie überquerten die Fahrbahn. Er bemerkte, wie alles zusammengehörte: die Blechhöhlen mit den sitzenden Oberkörpern darin, die wandernden nackten Schenkel, die Schaufenster, in denen die Autos und die Schenkel sich spiegelten, die Waren hinter den Spiegeln, die, wenn man sie nur fest ins Auge faßte, die Spiegelbilder, die sich vor ihnen bewegten, auslöschten.

Vor einem Tabakladen, die ausgestellten Pfeifen betrachtend, überlegte er, ob er wieder anfangen sollte zu rauchen. Im Zuchthaus hatte er es sich abgewöhnt. Er verschob seine Entscheidung auf später.

Er sah viele Frauen, die ihm gefielen. Eine Frau kam für ihn jedoch nicht mehr in Frage. Er war ja auch mit Siebenunddreißig noch Junggeselle gewesen, warum sollte er mit Siebenundfünfzig heiraten oder auch nur irgendein festes

Verhältnis anfangen? Außerdem hatte er keinen Erfolg bei Frauen. Sie hatten nichts gegen ihn, weder mochten sie ihn, noch mochten sie ihn nicht. Irgend etwas mußte an ihm sein, was sie kein Interesse für ihn aufbringen ließ. Um dies festzustellen, hatte er allerdings nur zwei Jahre Zeit gehabt, von 1947 bis 1949. Vorher war er Soldat und Kriegsgefangener in Rußland gewesen. Möglich, daß ihn jetzt einige Frauen in Betracht zogen. Er war ein Mörder. Sie würden sich täuschen. Er war wirklich kein Triebverbrecher. Im Zuchthaus hatte er nur selten onaniert. Sein Mord war nichts gewesen als ein dummer Zufall mit einer schreienden Puppe.

Schluß damit! Er hatte sich verwirren lassen. Gerade das hatte er vermeiden wollen. Er ging durch eine Seitenstraße zur Förde hinunter, überschritt vorsichtig die Uferstraße, auf der die Autos wieder dichter und schneller fuhren. Ein Auto blieb dicht neben ihm stehen, der Mann, der darin saß, kurbelte das Fenster herunter und rief: »Mensch, hamm' Se schon mal was von Zebrastreifen gehört?«

Er sah das verbissene Gesicht. Ehe er etwas sagen konnte, war es schon wieder weg. Von der anderen Straßenseite aus sah er sich um, entdeckte er, was jener gemeint hatte: das Gitter aus gelben Streifen auf der Fahrbahn, die Signal-Ampeln daneben.

Er trieb sich im Hafengelände herum, in dem es ruhig zuging, sah Schauerleuten zu, wie sie Kisten, die ein Ladebaum aus einem grauen Frachter hob, auf dem Kai stapelten. Zwischen den Schiffen lag das Wasser der Förde. Das Wasser und der Himmel sahen so aus, als würde es bald zu schneien anfangen. Ach was, dachte er, ich versteh' doch gar nichts mehr vom Wetter.

Hier war es, wo ihm das Zuchthaus zum erstenmal als Puppenhaus erschien. Er sah es auf einmal sehr klein vor sich, als Spielzeug, über das er sich beugen konnte, um den Zwergen, den Hutzelmännlein zuzusehen, die durch Miniaturgänge trabten, an winzigen Zellen vorbei, in denen andere Zwerge unbewegt saßen, verhutzelt und durch nichts mehr zu erlösen.

Auf dem Rückweg zur Hauptstraße blieb er vor einem Reisebüro stehen, beeindruckt von den ausgestellten Bildern. Konnten sie jetzt wirklich überall hin reisen? Das Büro war so voll von Menschen, daß er es wagte, einzutreten. Er stellte sich in eine der Gruppen und hörte zu, wie ein Mann eine Reise nach Marokko kaufte, ein Mädchen einen Ski-Urlaub in der Schweiz. Dann trat er unauffällig beiseite, nahm Prospekte von einem Tisch, faltete sie in der Mitte, ging hinaus. Bei ihm würde es noch lange, vielleicht Jahre dauern, bis sie ihm erlaubten, ins Ausland zu reisen.

Er zog die Zeitung aus der Tasche, fügte die Prospekte hinzu, behielt alles in der Hand. Mit der Zeitung und den Reisedrucksachen, mit dem eng gerollten Schirm, mit den Röhrenhosen, dem dunklen Mantel und dem schwarzen Schal sah er jetzt aus wie einer von ihnen, das fühlte er. Seine Haare waren eisengrau, aber dicht und nach rechts gescheitelt, und sein Nasenrücken war noch immer schmal und gerade. Er überlegte, daß er trotz seines Alters annehmbar aussehen würde, wenn nicht sein Gesicht, wie das Fleisch seines ganzen Körpers, jede Bedeutung verloren hätte. Es war erschlafft.

Er fand endlich, was er die ganze Zeit schon gesucht hatte: ein großes Café. Als er eintrat, sah er, daß es aus zwei ineinander übergehenden Räumen bestand, von denen der hintere höher lag als der vordere; man erreichte ihn über zwei Stufen. Das Café war nur locker besetzt. Er entschied sich für den vorderen Raum, wollte nicht tiefer eindringen, zog seinen Mantel aus, setzte sich nahe an eines der Fenster. Er roch den süßen warmen hellen Duft des Cafés. Die runde Platte des Tisches, an dem er saß, war aus bräunlichrötlichem Marmor. Auf dem Tisch standen ein Aschenbecher und eine Zuckerdose aus übersilbertem Porzellan. Man stellte also den Zucker jetzt einfach so hin.

Die Kellnerin kam zu ihm. Sie trug ein blaues Kleid und eine weiße Schürze. Er bestellte eine Tasse Kaffee.

Während er wartete, zog er den Zettel aus der Jackentasche, auf den die beiden Adressen in Kiel getippt waren: seine Arbeitsstelle und sein Zimmer. Er war fest entschlossen gewesen, nicht nach Kiel zu fahren – das hatte zu seinem Programm gehört, wie der Satz ›Ich geh' hier entweder allein raus oder gar nicht‹ und der Satz ›Herr Ehlers, wenn ich bitten darf‹. Weil sie Kiel gesagt hatten, hatte er sofort Hamburg gedacht. Wenn er sich dort selber eine Arbeitsstelle verschaffte, konnten sie ihm nicht viel anhaben, höchstens mit verschärfter Polizeiaufsicht drohen. Plötzlich gab er seine Absicht auf. Da er in einer Schreinerei arbeiten, in einem möblierten Zimmer wohnen würde, war es gleichgültig, ob sich diese Schreinerei, dieses Zimmer in Kiel oder in Hamburg befanden. Er konnte ja später wechseln, mit ihrer Einwilligung. Je unauffälliger er sich verhielt, um so eher gaben sie ihm vielleicht einen Paß. Ja, er würde nachher zum Bahnhof gehen und mit dem nächsten Zug nach Kiel fahren.

Da er es abgelehnt hatte, irgend etwas aus dem Zuchthaus mitzunehmen, mußte er sich vorher ein paar Sachen besorgen: Seife, ein Rasierzeug, Wäsche und Socken zum Wechseln, einen kleinen billigen Koffer, in den er alles hineinlegen konnte.

Die Kellnerin brachte den Kaffee. Sie nahm die Tasse von einem Tablett und stellte sie vor ihn auf den Tisch. Sie setzte ein silbernes Kännchen mit Rahm daneben.

Die Tasse war aus gelblichem Porzellan. Sie trug ein blaues Dekor – irgendwelche Ranken. Neben der Tasse lag ein versilberter Löffel auf dem Unterteller. Der Kaffee war tiefschwarz, am Rande bräunlich. Rauch stieg aus ihm auf; er roch gut.

Er nahm den Löffel von der Untertasse, legte ihn daneben, auf den kastanienfarbenen Marmor.

Auf dem Stuhl links von ihm lag sein Mantel. Er hatte die Zeitung und die Reiseprospekte daraufgelegt. An der Lehne des Stuhls hing sein Schirm.

Zuerst drehte er die Tasse, einmal, zweimal, sah ihr zu, wie sie sich drehte, blaue Ranken um einen schwarzen Kreis, auf Kastanienrot.

Dann schob er sie von sich fort, bis an den jenseitigen Rand des Tisches. Sie wirkte nun schattenhaft, im Gegenlicht. Autos fuhren hinter ihr vorbei.

Er bemerkte das blaue Kleid, die weiße Schürze neben sich.

»Schmeckt Ihnen der Kaffee nicht?« hörte er die Kellnerin sagen.

»Doch, doch«, sagte er, belästigt. »Bringen Sie mir ein Stück Schokoladentorte!«

Als sie gegangen war, zog er die Tasse wieder zu sich heran, berührte den Kaffee immer noch nicht.

Die Schokoladentorte kam.

»Bringen Sie mir eine andere Tasse Kaffee!« sagte er. »Der da ist schon kalt geworden.«

»Sie müssen diese Tasse aber bezahlen.«

»Ja, ja, schon recht!«

»Warum ließen Sie ihn denn kalt werden?« fragte sie.

Er sah zu ihr auf. Sie war eine Frau von vierzig oder mehr Jahren, mit einer hochgetürmten Frisur. Jedenfalls war sie nicht nur eine Kellnerin. Sie leistete Widerstand.

»Nur so«, sagte er. »Weiß selber nicht warum.«

Sie schüttelte den Kopf, aber freundlich. Irgendwie schien ihr die Antwort zu genügen, vielleicht nur, weil sie so leise gegeben worden war.

Er aß die Schokoladentorte. Er hatte sie nicht nur bestellt, um für eine Weile mit der Tasse allein sein zu können. Schon auf dem ganzen Weg hierher hatte er sich vorgenommen, ein Stück Schokoladentorte zu essen. Sie schmeckte ungefähr so, wie er sich den Geschmack von Schokoladentorte vorgestellt hatte.

Die zweite Tasse Kaffee sah genauso aus wie die erste.

Er goß etwas Rahm hinein, beobachtete, wie die Rahmwölkchen in dem Kaffee aufstiegen, sich verteilten. Dann zog er die Zuckerdose heran, entfernte das Papier von zwei Stücken Zucker und schob die Würfel vorsichtig in die Tasse. Er nahm den Löffel und rührte um. Das alles tat er nicht nur, weil er wußte, daß die Kellnerin jetzt in einiger Entfernung von ihm stand und ihn aus den Augenwinkeln beobachtete.

Nachdem er den Kaffee getrunken hatte, entfaltete er die Zeitung, versuchte, darin zu lesen. Es gelang ihm nicht.

Statt dessen schaute er zum Fenster hinaus.

Jetzt hätte er gern geraucht. Er hätte sich in dem Café eine Packung Zigaretten kaufen können. Er konnte sich später nie erklären, warum er nicht auf diese einfache Idee gekommen war.

ERNEST HEMINGWAY

Ein sauberes, gut beleuchtetes Café

Es war spät, und alle hatten das Café verlassen, bis auf einen alten Mann, der in dem Schatten saß, den das Laub des Baums unter der elektrischen Beleuchtung warf. Tagsüber war die Straße staubig, abends jedoch schlug der Tau den Staub nieder, und der alte Mann saß gern so spät noch da, weil er taub war und es zu dieser Stunde ruhig war und er den Unterschied spürte. Die zwei Kellner drinnen im Café wussten, dass der alte Mann ein bisschen betrunken war, und mochte er auch ein guter Kunde sein, so wussten sie doch, dass er, wenn er zu betrunken wurde, sich ohne zu bezahlen davonmachen würde, weshalb sie ihn im Auge behielten.

»Vorige Woche hat er versucht, sich umzubringen«, sagte ein Kellner.

»Warum?«

»Er war verzweifelt.«

»Worüber?«

»Nichts.«

»Nichts? Wie kannst du das wissen?«

»Er hat jede Menge Geld.«

Sie saßen an einem Tisch an der Wand neben der Eingangstür und sahen auf die Terrasse des Cafés hinaus, wo alle Tische unbesetzt waren, bis auf den, an dem der alte

Mann im Schatten des Baumes saß, dessen Blätter sich leise im Wind bewegten. Auf der Straße gingen ein Mädchen und ein Soldat vorbei. Das Laternenlicht glänzte auf der Messingnummer an seinem Kragen. Das Mädchen trug keine Kopfbedeckung und trippelte neben ihm her.

»Die Wache wird ihn hochnehmen«, sagte ein Kellner.

»Wen kümmert's, Hauptsache, er kriegt, was er will.«

»Er sollte sich von der Straße machen. Sonst erwischt ihn die Wache. Die sind vor fünf Minuten vorbeigekommen.«

Der alte Mann im Schatten klapperte mit seinem Glas auf dem Unterteller. Der jüngere Kellner ging zu ihm.

»Was darf's sein?«

Der alte Mann sah ihn an. »Noch einen Brandy«, sagte er.

»Sie werden sich betrinken«, sagte der Kellner. Der alte Mann sah ihn an. Der Kellner ging.

»Der bleibt die ganze Nacht«, sagte er zu seinem Kollegen. »Ich bin müde. Nie komme ich vor drei ins Bett. Er hätte sich letzte Woche umbringen sollen.«

Der Kellner nahm die Brandyflasche und einen weiteren Unterteller vom Tresen im Café und marschierte zum Tisch des alten Mannes hinaus. Er stellte den Unterteller hin und schenkte ihm Brandy nach.

»Sie hätten sich vorige Woche umbringen sollen«, sagte er zu dem Tauben. Der alte Mann zeigte mit dem Finger. »Etwas mehr«, sagte er. Der Kellner goss nach, sodass der Brandy überschwappte und am Stiel des Glases hinunter in den obersten Unterteller des Stapels lief. »Danke«, sagte der alte Mann. Der Kellner ging mit der Flasche ins Café zurück. Er setzte sich wieder zu seinem Kollegen.

»Jetzt ist er betrunken«, sagte er.

»Er ist jeden Abend betrunken.«

»Weswegen hat er sich umbringen wollen?«

»Woher soll ich das wissen.«

»Wie hat er es gemacht?«

»Hat sich an einem Strick aufgehängt.«

»Wer hat ihn abgeschnitten?«

»Seine Nichte.«

»Warum hat man das getan?«

»Aus Angst um seine Seele.«

»Wie viel Geld hat er denn?«

»Jede Menge.«

»Er ist bestimmt schon achtzig.«

»Eher noch drüber.«

»Ich finde, er soll endlich gehen. Nie komme ich vor drei ins Bett. Das ist doch keine Zeit zum Schlafengehen.«

»Er bleibt auf, weil es ihm Spaß macht.«

»Er ist einsam. Ich bin nicht einsam. Ich habe eine Frau, die im Bett auf mich wartet.«

»Er hatte auch mal eine Frau.«

»Eine Frau würde ihm jetzt nichts nützen.«

»Das kann man nie wissen. Mit einer Frau würde es ihm vielleicht besser gehen.«

»Seine Nichte kümmert sich um ihn. Du hast gesagt, sie hat ihn abgeschnitten.«

»Ich weiß.«

»Ich möchte nicht so alt werden. Alte Männer sind widerlich.«

»Nicht immer. Der hier ist sauber. Er trinkt, ohne zu kleckern. Sogar jetzt, betrunken. Sieh ihn dir an.«

»Ich will ihn nicht ansehen. Wenn er nur endlich gehen

würde. Er denkt kein bisschen an die Leute, die arbeiten müssen.«

Der alte Mann sah von seinem Glas auf und über den Platz, dann zu den Kellnern hinüber.

»Noch einen Brandy«, sagte er und zeigte auf sein Glas. Der Kellner, der es eilig hatte, ging zu ihm.

»Ende«, sagte er, ohne sich um die Syntax zu scheren, wie es dumme Leute tun, wenn sie mit Betrunkenen oder Ausländern reden. »Schluss für heute. Machen zu.«

»Noch einen«, sagte der alte Mann.

»Nein. Ende.« Der Kellner fuhr mit einem Tuch über die Tischkante und schüttelte den Kopf.

Der alte Mann stand auf, zählte bedächtig die Unterteller, zog einen ledernen Geldbeutel aus seiner Tasche, bezahlte und legte eine halbe Pesete Trinkgeld dazu.

Der Kellner sah ihm nach, wie er sich die Straße hinunter entfernte, ein sehr alter Mann mit unsicherem, aber doch würdevollem Gang.

»Warum hast du ihn nicht bleiben und noch etwas trinken lassen?«, fragte der Kellner, der es nicht eilig hatte. Sie machten den Laden zu. »Es ist noch nicht mal halb drei.«

»Ich will nach Hause ins Bett.«

»Was macht eine Stunde schon aus?«

»Für mich mehr als für ihn.«

»Eine Stunde ist eine Stunde.«

»Du redest selbst wie ein alter Mann. Er kann sich eine Flasche kaufen und zu Hause weitertrinken.«

»Das ist nicht dasselbe.«

»Nein, ist es nicht«, räumte der Kellner ein, der eine Frau hatte. Er wollte nicht ungerecht sein. Er hatte es nur eilig.

»Und du? Hast du keine Angst, vor der üblichen Zeit nach Hause zu kommen?«

»Willst du mich beleidigen?«

»Nein, *hombre*, sollte ein Scherz sein.«

»Nein«, sagte der Kellner, der es eilig hatte, und richtete sich auf, nachdem er die eisernen Rollläden heruntergelassen hatte. »Ich habe Vertrauen. Vollstes Vertrauen.«

»Du hast deine Jugend, du hast Vertrauen und Arbeit«, sagte der ältere Kellner. »Du hast alles.«

»Und was fehlt dir?«

»Alles außer Arbeit.«

»Du hast doch alles, was ich habe.«

»Nein. Ich hatte niemals Vertrauen, und ich bin nicht jung.«

»Hör schon auf. Red keinen Unsinn und schließ ab.«

»Ich bin einer von denen, die nachts gern lange im Café bleiben«, sagte der ältere Kellner. »Bei all denen, die nicht ins Bett wollen. Bei all denen, die nachts ein Licht brauchen.«

»Ich will nach Hause, ins Bett.«

»Wir zwei sind verschieden«, sagte der ältere Kellner. Er war jetzt für den Heimweg angezogen. »Das ist nicht nur eine Frage der Jugend und des Vertrauens, auch wenn das sehr schöne Dinge sind. Ich mache jeden Abend nur sehr ungern zu, weil doch noch jemand kommen könnte, der das Café nötig hat.«

»*Hombre*, es gibt *bodegas*, die die ganze Nacht geöffnet haben.«

»Du verstehst das nicht. Das hier ist ein sauberes und freundliches Café. Und gut beleuchtet. Das Licht ist sehr gut, und dazu gibt es auch noch den Schatten unter dem Baum.«

»Gute Nacht«, sagte der jüngere Kellner.

»Gute Nacht«, sagte der andere. Während er das elektrische Licht ausmachte, setzte er das Gespräch mit sich selbst fort. Vor allem ist es natürlich das Licht, wichtig ist aber, dass ein Lokal sauber und freundlich ist. Musik will keiner. Musik braucht man nicht. Man kann auch nicht mit Würde an einer Theke stehen, obwohl das alles ist, was man zu dieser Stunde noch haben kann. Was fürchtete er? Es war weder Furcht noch Angst. Es war ein Nichts, das er nur zu gut kannte. Es war alles ein Nichts, auch ein Mann war ein Nichts. Es war nur das, und mehr als Licht und eine gewisse Sauberkeit und Ordnung waren nicht nötig. Manche lebten darin und merkten es gar nicht, aber er wusste, alles war *nada y pues nada y nada y pues nada. Nada* unser, der du bist im *nada, nada* sei dein Name, dein Reich *nada,* dein Wille *nada,* wie im *nada* so auf *nada.* Unser täglich *nada* gib uns *nada* und *nada* uns unsere *nada,* wie auch wir *nada* unseren *nadas. Nada* uns nicht in *nada,* sondern erlöse uns von dem *nada; pues nada.* Gegrüßet seist du, Nichts, voll des Nichts, das Nichts ist mit dir. Er stand grinsend an einer Theke mit einer glänzenden Espressomaschine.

»Was darf's sein«, fragte der Barmann.

»*Nada.*«

»*Otro loco màs*«, sagte der Barmann und wandte sich ab.

»Eine kleine Tasse«, sagte der Kellner.

Der Barmann machte ihm eine.

»Das Licht ist schön hell und freundlich, aber die Theke ist nicht abgewischt«, sagte der Kellner.

Der Barmann sah ihn an, antwortete aber nicht. Es war zu spät am Abend für ein Gespräch.

»Möchten Sie noch eine *copita*?«, fragte der Barmann.

»Nein, danke«, sagte der Kellner und ging. Er mochte Kneipen und *bodegas* nicht. Ein sauberes, gut beleuchtetes Café war doch etwas ganz anderes. Jetzt würde er, ohne weiter nachzudenken, nach Hause in sein Zimmer gehen. Er würde sich ins Bett legen, und wenn der Tag anbrach, würde er endlich einschlafen. Schließlich, sagte er sich, ist es wahrscheinlich nur Schlaflosigkeit. Das haben bestimmt viele.

Kaffee Frappé

Die Braut, die diese Geschichte schreibt, hat mich auf eine Kykladeninsel geschickt, weitab vom Schuß und kaum größer als ein Felsenkap. Der Linienkahn spuckt uns um drei Uhr morgens mit zweistündiger Verspätung aus. Todmüde stolpern die Fahrgäste von Bord und ziehen ihre Siebensachen hinter sich her. Die Gepäckstücke hüpfen auf und ab, als ob sie Schlauchboote im Kielwasser einer Jacht wären.

Ich bin der einzige, den weder ein Eselkarren noch ein Empfangskomitee erwartet. Wozu sollte ich mich umblicken? Nur eine rohe Steinmauer in zehn Meter Entfernung und dahinter eine Palme schieben sich ins Licht der Hafenmole. Alles andere verschwimmt zu dunklen Umrissen. Ich habe mich schon fast damit abgefunden, zu Fuß zum Dorf gehen zu müssen, als ein mit Zwiebeln beladener Pritschenwagen neben mir anhält.

»Wohin soll's gehen, Landsmann?« fragt der Fahrer.

»Zum Dorf.«

»Steig ein.«

Ich klettere auf den Beifahrersitz, der Pritschenwagen fährt ächzend an, und alle zehn Meter erinnert sich der Auspuff an seine Bestimmung.

»Wo übernachtest du?« fragt der Fahrer.

»Weiß noch nicht.«

Wie soll ich ihm erklären, daß die Braut, die diese Geschichte schreibt, es genau so haben will? Ich soll auf einer kleinen Insel, weitab vom Schuß, ankommen – ohne Fahrzeug und ohne zu wissen, wo ich übernachten werde.

»Du hast Glück«, meint er. »Ich vermiete ein paar Zimmer.«

Ich blicke aus dem Fenster. Nur den schmalen Fahrbahnstreifen kann ich im Scheinwerferlicht erkennen. Der Fahrer ist verstummt und fährt wie in Trance. Da er sich seine Kundschaft bereits gesichert hat, braucht er keine Konversation mehr zu treiben.

Die Braut, die diese Geschichte schreibt, hat mich hierher geschickt, damit ich eine Fünfzigjährige umbringe. Sie heißt Aliki, und wenn ihr die Fotografie, auf der ich sie gesehen habe, nicht unrecht tut, dann handelt es sich um eine reizlose Brünette mit Kurzhaarschnitt und faltigem Gesicht. Sie blickt mit dem lüsternen Lächeln einer Trinkerin in die Linse und bemüht sich vergeblich, geliebt zu werden.

Als ich fragte, warum ich sie töten sollte, fuhr mir die Braut über den Mund: »Ruhe jetzt, das Motiv geht dich nichts an.«

Ich bestand nicht weiter darauf. Ich weiß, daß ich die Rolle des Bösewichts spiele, also tue ich stillschweigend meine Arbeit. Diesmal hat sie mir sogar Bedingungen gestellt. Ich darf keine Waffe – Messer oder Pistole etwa – für den Mord verwenden. Ich darf Aliki allerdings aus dem Fenster oder über Meeresklippen in die Tiefe stoßen.

Zumindest mit dem Zimmer habe ich Glück, es ist sauber und ruhig. Nun sitze ich im Kafenion gegenüber und trinke mein Kaffee Frappé, während mir der Schweiß über den Nacken läuft. Um elf Uhr morgens brennt die Sonne bereits auf die allgegenwärtigen groben Steinmauern, auf die Felsen, die unter dem verdorrten Gras hervorlugen, und auf die schneeweißen Häuschen mit ihren blauen Fensterläden.

Als ich gerade darüber nachdenke, wo ich diese Aliki bloß finden kann, tritt sie aus der Pension, in der ich logiere. Die Braut überläßt nichts dem Zufall, denke ich mir. Sie trägt kein Schwarz wie auf der Fotografie, sondern ein T-Shirt, einen geblümten Rock und auf dem Kopf einen Strohhut mit breiter Krempe und rotem Hutband. Doch ihr eingefallenes Gesicht und den morgendlichen Schlafzimmerblick einer Trinkerin kann auch er nicht verbergen. Trotz der Mordshitze bestellt sie einen heißen Nescafé. Vielleicht weil ein Kaffee Frappé sie nicht auf Touren bringt. Sie zieht einen kleinen Notizblock aus ihrer Tasche und beginnt zu schreiben. Nach ein paar Worten läßt sie den Kugelschreiber sinken und den Blick hinüberschweifen zu den Felsen, die in der Sonne glühen. Dann wandert er zu ihren Notizen zurück. Mein kleiner Finger sagt mir, daß dieses Wechselspiel zwischen Schreiben und Träumen noch eine Weile weitergehen wird, und ich ordere noch ein Kaffee Frappé.

»Ich werde es tun«, sagte sich Jimmy immer wieder. Schluß mit den ewigen Bedenken: einmal war es das Motiv, das er kannte und verachtete, dann wieder die mehr oder weniger enge Beziehung zum potentiellen Opfer. Diesmal hatte er es mit einer gewissen Aliki unbekannter Herkunft zu tun, die er aus unbekannten Gründen umbringen sollte.

»Ich werde es tun!« erklärte er leise und zu allem entschlossen, während er sie dabei beobachtete, wie sie beim Schreiben erneut innehielt. »Es ist *die* Gelegenheit, um mich von der Masse abzuheben und zu einer Figur aus Fleisch und Blut zu werden.« Und er nahm noch einen Schluck von seinem Kaffee Frappé.

Jedesmal, wenn sie den Blick von ihrem Notizblock hob, betrachtete Aliki durch ihre dunkle Sonnenbrille den Typen am Nebentisch, bevor sie wieder zu den Felsen hinüberblickte.

Warum starrt er mich so an? Was will er von mir? Wenn er selbst in diesem Zustand etwas an mir findet, dann ist er pervers.

Und mit diesem Gedanken erhob sie sich und machte sich auf zum Strand nach Tsigouri.

Ich habe Fortschritte gemacht. Seit zwei Tagen lasse ich sie nicht aus den Augen. Am Morgen sonnten wir uns in Tsigouri, nur zwei Meter voneinander entfernt, blickten in entgegengesetzte Richtungen und taten so, als sähen wir einander nicht.

Nun ist es ein Uhr morgens, und wir haben uns in der kleinen Bar namens *Glamour* an benachbarten Tischen niedergelassen. Aus dem Lautsprecher dringt ein Musikpotpourri: Rembetiko, Schnulzen, Madonna und dazwischen Inselweisen.

Aliki trinkt soeben ihre vierte kleine Karaffe Tsipouro-Schnaps auf leeren Magen aus, und ich bin beim zweiten

Kaffee Frappé. Sie leert ihr Glas, legt das Geld auf die Rechnung und erhebt sich. Während sie an mir vorüberschwankt, denke ich, daß jetzt vielleicht der geeignete Augenblick wäre, sie auf dem Meeresgrund zu versenken. Doch nun passiert etwas Unvorhergesehenes und wirft meine Planung über den Haufen. Sie hält kurz vor mir inne, ringt um ihr Gleichgewicht, blickt mich an und wirft mir dann ein Lächeln zu.

»Wir beide geben eine kuriose Mischung ab«, sagt sie, »der eine sternhagelvoll, der andere stocknüchtern.« Und sie schüttelt sich vor Lachen.

Ich grinse mit, um meine Verlegenheit zu verbergen. Ich ringe nach einer Entgegnung, doch sie kommt mir zuvor.

»Stört es Sie, wenn ich mich ein wenig zu Ihnen setze?« Gleich darauf bestellt sie beim Kellner die fünfte kleine Karaffe. »Trinken Sie einen mit?«

»Vielleicht sollten Sie was anderes als Tsipouro trinken?« Kaum sind mir diese Worte rausgerutscht, schlage ich mir innerlich an die Stirn. Ich sollte sie doch darin bestärken und nicht bremsen.

Glücklicherweise braucht sie gar keine Ermunterung.

»Was denn, Kaffee Frappé etwa?« meint sie ironisch lächelnd.

»Das würde Sie ausnüchtern.«

»Und wer sagt Ihnen, daß ich ausgenüchtert werden will?« Doch nun erschrickt sie über ihre eigenen Worte. »Nein, nein, keine Angst … Ich werde Ihnen nicht auf die Nase binden, warum ich mein Leid im Alkohol ertränke!« Und um mich davon zu überzeugen, hängt sie sich an meinen Hals und versetzt mir einen dicken Schmatz auf die

Backe. »Sieh mal … Weil du so süß bist, trink ich glatt noch einen mit dir.«

Ihre Arme bleiben um meinen Hals geschlungen. Es bleibt dahingestellt, ob in zärtlicher Anwandlung oder aus Furcht, sonst umzukippen.

Die Pension lag auf halbem Weg nach Mesaria. Auf der ganzen Strecke hielt Jimmy Aliki fest im Arm, da sie mal über eine Bodenwelle, mal über einen Stein stolperte. Jedesmal, wenn Jimmy ihr unter die Arme griff, überschüttete Aliki ihn mit Komplimenten der Art: »Ich wußte gleich, daß du ein Gentleman bist. Das hab ich auf den ersten Blick gemerkt.« Da sie ihren Körper nicht mehr unter Kontrolle hatte, gingen ihre Küsse meist ins Leere.

Mit Müh und Not brachte er sie ans Ziel. Sie ins obere Stockwerk zu verfrachten war Schwerstarbeit. Aliki schaffte es bis zur dritten Treppenstufe, blieb dort hängen und rutschte wieder zurück. Nach dem vierten Versuch gab Jimmy auf, er nahm sie auf den Arm und begann die Treppen hinaufzusteigen.

»Warum spionierst du mir hinterher?«

Die Frage kam aus heiterem Himmel, und diesmal wäre Jimmy fast gestolpert. Er versuchte das Gleichgewicht zu halten, während er verzweifelt nach einer Erklärung rang. Zum Glück bot ihm Aliki einen Ausweg.

»Laß nur, sag nichts. Bis morgen früh habe ich es ohnehin wieder vergessen.«

Vor ihrer Zimmertür klammerte sie sich an seinen Hals und flüsterte ihm zu: »Bleib heut nacht bei mir.«

Plötzlich schoß ihm die Idee durch den Kopf, sie dort,

auf dem Bett, zu töten. Es war so einfach. Er mußte nur ein Handtuch aus dem Badezimmer holen und es ihr auf das Gesicht drücken.

»Bitte, bleib ... Ich kann ... So betrunken bin ich nicht ...«, flüsterte Aliki. Mit einem Mal brach sie in Tränen aus. »Nein, nein, ich weine bestimmt nicht, wenn du bei mir liegst ...«, beruhigte sie ihn. »Ehrenwort. Alles unter Kontrolle.«

Jimmy zog sie langsam, fast zärtlich aus. Aliki hielt die Augen geschlossen und lächelte unter Tränen. Als er bei BH und Slip angelangt war, drehte sich Aliki zur Seite und begann zu schnarchen.

Er hatte das Handtuch gepackt und wollte gerade damit aus dem Bad treten, als sein Blick auf die Klinge des Damenrasierers fiel. Warum mit dem Handtuch, dachte er. Wäre es nicht klüger, ihr die Pulsadern aufzuschneiden, damit es wie Selbstmord aussah? Er war sehr stolz auf seine Idee, doch als er sich über sie beugte, um ihr Handgelenk zu fassen, wirkte ihr Körper so eingefallen, so voller Falten – er sah die Hängebrüste, den schnarchenden, halboffenen Mund, und eine tiefe Trauer erfaßte ihn. Er warf die Rasierklinge aufs Bett und rannte aus dem Zimmer.

»Ich bin ein Versager«, sagte er immer wieder, als er den dunklen Feldweg entlangging. »Deshalb habe ich es nie weit gebracht. Niemand mag Figuren, die eine Geschichte grundlos in die Irre führen.«

Hundert Meter weiter erhellten die Scheinwerfer eines Wagens die Straße. Er gab dem Fahrer ein Handzeichen, der daraufhin neben ihm hielt. »Wenn du zum Hafen willst, steig ein«, meinte er.

Am Hafen ließ die Autofähre gerade die Laderampe herab.

»Kann ich auf dem Schiff eine Fahrkarte lösen?« fragte Jimmy einen Mitarbeiter der Hafenbehörde.

»Wohin?«

»Nach Piräus.«

»Die nehmen jetzt keine Passagiere nach Piräus an Bord. Der Fahrplan hat sich geändert. Die fahren zuerst nach Amorgos. Morgen früh kommen sie zurück, dann erst steigen die Fahrgäste nach Piräus zu.«

Diesmal kam Jimmy um den Fußmarsch nicht herum.

Die Braut, die diese Geschichte schreibt, will mich nicht von der Insel weglassen. Sie wird mir so lange Steine in den Weg legen, bis ich tue, was sie von mir will. Durch die gestrige Nachtwanderung wurde mein Kopf wieder klar, und ich schämte mich. Man vergeht beim Anblick einer auf dem Bett zusammengebrochenen Frau nicht vor Mitgefühl. Ganz im Gegenteil: Man bringt sie aus Mitleid um und erlöst sie so von ihrem Leiden.

Diese Gedanken gehen mir durch den Kopf, während ich mein Kaffee Frappé trinke. Aliki tritt aus dem Haus und kommt lächelnd auf mich zu. Die Farbe ihrer Augen wirkt wäßrig und ihr Blick trübe.

»Ich habe vor, heute einen Ausflug mit dir zu machen«, meint sie.

»Wohin?«

»Nach Nikia. Unten am Meer liegt ein verlassenes Fischerdorf. Da lebt keiner mehr. Kannst du Motorrad fahren?«

»Kann ich.«

»Schön, ich notiere schnell noch etwas, und dann können wir los.«

Sie zieht ihren Block heraus, notiert etwas und steckt ihn wieder in ihre Tasche zurück.

Bevor wir beim Motorradverleih anlangen, bleibt sie jäh mitten auf der Straße stehen und blickt mich an.

»Weißt du, heute morgen ist mir etwas Komisches passiert. Ich bin mit einer Rasierklinge im Bett aufgewacht.«

Ihre Bemerkung trifft mich unvorbereitet, doch ich behalte die Nerven.

»Nun, wahrscheinlich hast du sie, als du aus dem Badezimmer kamst, dort liegenlassen.«

»Wahrscheinlicher ist, daß ich erfolglos versucht habe, mir die Pulsadern aufzuschneiden«, entgegnet sie heiter.

Die Straße nach Nikia ist schmal, kurvenreich und von Gebüsch fast zugewuchert. Weit und breit kein einziger Baum, nur das Meer bleibt immer in Sichtweite.

Die Straße verbreitert sich zu einer Abzweigung: Der eine Weg führt in die Berge hoch, der andere zum Geisterdorf ans Meer hinunter.

»Wir fahren ans Meer«, sagt Aliki und deutet auf den Pfad.

Vor unseren Augen tauchen langsam die gespenstischen Steinhäuser des Fischerdorfes auf, die durch verschiedenartige Treppen verbunden zum kleinen Hafen hinabführen. Ich bin ganz in den Anblick versunken, als ich neben mir Alikis Stimme höre.

»Die Rasierklinge habe nicht ich dort vergessen. Du hast sie gestern dort liegenlassen.« Ich blicke sie verdutzt an.

»Du wolltest mich umbringen, hast es dir in letzter Minute aber anders überlegt.« Sie lächelt mir zu, als spräche sie von der natürlichsten Sache der Welt.

»Spinnst du?«

Die Braut, die diese Geschichte schreibt, würde mich wegen dieser abgeschmackten Bemerkung bestimmt am liebsten ohrfeigen.

»Ich weiß, daß du auf die Insel gekommen bist, um mich zu töten«, beharrt Aliki.

Stumm wie ein Fisch starre ich sie an.

»Du kannst ruhig offen zu mir sein.« Sie spricht gelassen weiter und lächelt. »Alles in meinem Leben ist schiefgelaufen. Ich bin eine Totalversagerin, alle naselang bin ich auf Entzug. Du tust mir einen Gefallen, wenn du mich umbringst. Nur eine Bedingung habe ich.«

Sie verstummt, also schweige auch ich. Ich halte mir den Rücken frei, um zu sehen, worauf sie hinauswill.

»Ich möchte, daß du mich an einer von mir ausgewählten Stelle in das kleine Hafenbecken stößt, damit ich auch zu einer Spukgestalt werde.«

Die Braut, die diese Geschichte schreibt, macht es mir unglaublich leicht. Wenn ich auch diesmal nichts geritzt kriege, dann tauge ich nicht zu einer literarischen Figur. Dann tauge ich nicht einmal zu einer Witzfigur.

Aliki findet eine Stelle genau oberhalb des Geisterdorfes.

»Hier!« sagt sie. »Stell dich hinter mich. Ich schließe die Augen, und du schubst mich ganz leicht, als wäre es ein Scherz.«

Ich stelle mich wortlos hinter sie. Reglos steht sie da, so

daß ich nicht weiß, ob sie die Augen geschlossen hält oder träumerisch das Ägäische Meer betrachtet.

Aliki bereute ihren Entschluß in dem Augenblick, als sie Jimmys Hände an ihren Schultern spürte. Sie entzog sich mit einem Ruck und machte einen Schritt zur Seite.

»Nein, ich will nicht!« rief sie. »Hör auf, ich hab es mir anders überlegt!«

Sie wollte zur Weggabelung zurück, doch Jimmy hielt sie an den Armen fest. »Komm schon, bringen wir's hinter uns«, meinte er. »Weder du noch ich haben Lust darauf, aber es muß getan werden.«

Er gab ihr einen kräftigen Stoß. In ihrer Verzweiflung klammerte sich Aliki an seinem T-Shirt fest, und als sie nach unten stürzte, riß sie ihn mit sich. Sie segelten am Treppenlabyrinth des Dorfes mit den Geisterhäusern und den leeren Fensterhöhlen vorbei in die Tiefe, bis zum verwitterten Wellenbrecher und zu den Felsen, die sie bereits erwarteten.

So oft war ich betrunken, und erst jetzt sehe ich zum ersten Mal die Welt im freien Fall, dachte Aliki, während sie hinabstürzte. Ihr letzter Gedanke war, daß ihr der Anblick gefiel.

»Also, Sachen gibt's!« meinte der junge Mann, der auf dem Dorfplatz die Zeitung las.

»Was denn?« fragte die junge Frau an seiner Seite, mehr aus Pflichtbewußtsein denn aus Neugier.

»Hör mal, was da steht: ›Gestern beging die Schriftstellerin Aliki Fotiadi Selbstmord. Ihre Leiche wurde im verlassenen Fischerdorf Nikia gefunden. Auf ihrem Notizblock fand man die Nachricht: *Das Schreiben ist mein Leben. Kann ich nicht schreiben, habe ich kein Leben mehr.* Ihr Verleger erklärte, Aliki Fotiadis letzte Bücher seien von der Kritik und vom Publikum nicht gut aufgenommen worden. Das habe die Autorin in eine tiefe Depression gestürzt.«

»Na und? Was ist da seltsam dran?« fragte die junge Frau.

»Denk doch mal nach!« rief der junge Mann erstaunt aus. »Wer bringt sich heutzutage wegen Büchern um?«

Er nahm einen Schluck von seinem Kaffee Frappé und schlug den Wirtschaftsteil der Zeitung auf.

Wie man die vermaledeite Kaffeekanne benutzt

Es gibt verschiedene Arten, einen guten Kaffee zu machen: es gibt den caffè alla napoletana, den Espresso, den türkischen Kaffee, den brasilianischen cafesinho, den französischen café filtre, den amerikanischen Kaffee. Jeder Kaffee ist auf seine Art exzellent. Der amerikanische Kaffee kann eine kochendheiße Brühe sein, serviert in Plastikbechern mit Thermoseffekt, wie er gewöhnlich auf Bahnhöfen zum Zwecke des Völkermords verabreicht wird; aber mit dem *percolator* gemacht, wie man ihn in manchen Privathaushalten oder in bescheidenen Luncheonettes finden kann, serviert zu Rührei und Schinken, ist er köstlich und duftend, man trinkt ihn wie Wasser, und dann fängt einem das Herz zu bumpern an, denn eine Tasse enthält mehr Koffein als vier Täßchen Espresso.

Daneben gibt es den Kaffee als Gesöff. Er besteht in der Regel aus schlecht gewordener Gerste, Totengebein und einigen echten Kaffeebohnen, die sich im Abfall einer Fürsorgestelle für Geschlechtskranke gefunden haben. Man erkennt ihn am unverwechselbaren Geruch von in Abwaschwasser gebadeten Füßen. Serviert wird er in Gefängnissen, in Besserungsanstalten, in Schlafwagen und Luxushotels. Tatsächlich kann man zwar, wenn man im Plaza Majestic, im Maria Jolanda & Brabante oder im Hôtel des Alpes et des Bains absteigt, auch einen echten Espresso bestellen, aber er wird einem aufs Zimmer gebracht, wenn er praktisch schon eine Eisschicht hat. Um solches Mißgeschick zu vermeiden, bestelle man sich ein Continental Breakfast und freue sich auf den Genuß eines ans Bett gebrachten Frühstücks.

Das Continental Breakfast besteht aus zwei Brötchen, einem Croissant, einem Orangensaft in homöopathischen Dosen, einem Butterröllchen, drei Schälchen mit Honig, Heidelbeer- und Aprikosenmarmelade, einer Kanne kalt gewordener Milch, einer Rechnung über hundertfünfzig Mark und einer vermaledeiten Kaffeekanne mit Kaffee-Gesöff. Die von normalen Leuten verwendeten Kannen – oder auch die guten alten Espressokannen, aus denen man sich das duftende Getränk direkt in die Tasse gießt – erlauben den Austritt der Flüssigkeit durch eine feine schnabelförmige Tülle, während der Deckel irgendeine Sicherheitsvorrichtung hat, die ihn geschlossen hält. Das Gesöff, das man im Grand Hotel und im Schlafwagen kriegt, kommt in einer Kanne mit breitem Schnabel – breit wie der eines aus der Art geschlagenen Pelikans – und extrem beweglichem Deckel, der extra so gestaltet ist, daß er, getrieben von einem ununterdrückbaren Horror vacui, automatisch herunterfällt, wenn die Kanne geneigt wird. Dank dieser beiden Vorrichtungen kann die vermaledeite Kaffeekanne sofort ihren halben Inhalt über die Croissants und Marmeladen ergießen und anschließend, wenn der Deckel herunterfällt, den Rest auf die Tischdecke ausschütten. In den Schlafwagen sind diese Kannen von mittelmäßiger Qualität, da die Selbstbewegung des Wagens dem Verschütten des Kaffees zugute kommt, in den Hotels müssen sie aus Porzellan sein, damit der Deckel schön langsam und stetig, aber verhängnisvoll-unaufhaltsam heruntergleitet.

Über Herkunft und Zweck der vermaledeiten Kaffeekanne gibt es zwei Denkschulen. Die Freiburger Schule lehrt, das Gerät erlaube den Hotels zu beweisen, daß die Tischdecken, die man abends vorfindet, seit dem Morgen gewechselt worden sind. Der Schule von Bratislawa zufolge ist der Zweck ein moralischer (vgl. Max Weber, *Die protestantische Ethik und der Geist des Kapitalismus*): Die vermaledeite Kaffeekanne halte davon ab, morgens lange im Bett zu verweilen, da es sehr unangenehm sei, zwischen kaffeegetränkten Laken liegend ein schon in Kaffee getunktes Hörnchen zu essen.

Die vermaledeite Kaffeekanne ist nicht im Handel erhältlich. Sie wird exklusiv für die großen Hotelketten und die Schlafwagengesellschaften hergestellt. In den Gefängnissen wird das Gesöff in Blechnäpfen serviert, da ganz mit Kaffee durchtränkte Laken sich besser der Dunkelheit assimilieren, wenn sie zu Ausbruchszwecken aneinandergeknotet werden.

Die Freiburger Schule rät, den Kellner zu bitten, das Frühstück auf den Nachttisch zu stellen und nicht aufs Bett. Die Schule von Bratislawa hält dagegen, so könne man zwar vermeiden, daß der Kaffee sich über die Laken ergieße, nicht aber, daß er beim Austritt aus der Kanne den Pyjama beflecke (den das Hotel nicht täglich zu wechseln bereit ist); auf jeden Fall aber, Pyjama her oder hin, fließe einem der Kaffee, wenn man ihn im Sitzen einzunehmen versuche, direkt auf den unteren Teil des Bauches und in den Schoß, um Verbrennungen dort zu verursachen, wo sie am wenigsten ratsam sind. Diesen Einwand beantwortet die Freiburger Schule mit einem Achselzucken, und das ist offen gesagt keine Art.

PETER ALTENBERG
Kaffeehaus

Du hast *Sorgen,* sei es diese, sei es jene – – – ins *Kaffeehaus!*
Sie kann, aus irgendeinem, wenn auch noch so plausiblen Grunde, nicht zu dir kommen – – – ins *Kaffeehaus!*
Du hast zerrissene Stiefel – – – *Kaffeehaus!*
Du hast 400 Kronen Gehalt und gibst 500 aus – – – *Kaffeehaus!*
Du bist korrekt sparsam und gönnst Dir nichts – – – *Kaffeehaus!*
Du bist *Beamter* und wärest gern Arzt geworden – – – *Kaffeehaus!*
Du findest Keine, die Dir paßt – – – *Kaffeehaus!*
Du stehst *innerlich* vor dem Selbstmord – – – *Kaffeehaus!*
Du haßt und verachtest die Menschen und kannst sie *dennoch* nicht missen – – – *Kaffeehaus!*
Man kreditiert Dir nirgends mehr – – – *Kaffeehaus!*

JOSEPH ROTH

Reise in Kaffee

Ich reise in Kaffee. Für meinen Freund. Von Montag früh bis Samstag abend. Ich führe alle Sorten. Ich vertreibe Guatemala, Santos, Honduras, Portorico auf meiner Tour, die sich über Lhota, Mražice, Bladowitz, Romberg, Karwitz, Rakowan und Pleschin erstreckt. Man merkt die leise Ironie dieses Widerspruches, der zwischen den exotischen Namen meiner Bohnen und der desillusionierenden Geographie meiner Tour besteht. Ich möchte sagen: es ist ein symbolischer Gegensatz, der meinen Beruf überhaupt kennzeichnet. Die Romantik meines siebentägigen Zigeunertums erstickt in der geschäftlichen Nüchternheit seines Zwecks. Ich bin trotz meinem ewigen Herumfahren kein Fahrender, kein Weitgereister, sondern nur ein Reisender.

Dennoch bin ich glücklicher, als viele meiner Berufsgenossen. Glücklicher als jene zum Beispiel, deren umfangreichere Ware sie zur Mitnahme eines riesigen Musterkoffers zwingt. Meine Kaffeebohnenmuster befinden sich in zwanzig bis dreißig Papierdüten – lauter prima Ware – in einer Handtasche. Selbstverständlich habe ich einen »Revolver« in der Rocktasche. Ich zückte ihn in geeigneten Momenten. Diese Partie in der Rocktasche ist die preiswerteste. K. in P. (ich will den Namen nicht nennen) wird sicher anbeißen.

Denn die große Schwierigkeit meines Berufs besteht eben darin, dem Kaufmann die Notwendigkeit einer Ware zu beweisen, für die er vorläufig keinen Bedarf hat. Zwischen dem Erzeuger, der die Welt mit Kaffee versorgt, und dem Verkäufer, der ihn ihr verkauft, fahre ich, der Reisende, hin und zurück. Ich erlebe niemals einen der größten Reize des Reisens: das sehnsüchtige Erwartetwerden. Denn selbst der Kaufmann, der meinen Kaffee braucht, gesteht es nicht. Und sogar, wenn er froh ist, meine Bohnen gekauft zu haben, tut er so, als müßte ich froh sein, meine Ware losgeworden zu sein. Und wenn er überzeugt ist, daß er so günstig wie noch nie gekauft hat, benimmt er sich so, als hätte er mich aus purer persönlicher Freundschaft und Sympathie »etwas verdienen lassen«. So gestaltet sich der scheinbar nüchterne Verkauf eines Sacks Kaffeebohnen zu einem ordentlichen Krieg mit allen seinen Phasen und Merkmalen: Defensive des Feindes, maskiertes Heranschleichen des Angreifers, plötzliche Offensive, Erstürmung der Hindernisse, leider auch Rückzug und sogar katastrophale Flucht.

Die Schrecken des Krieges beginnen Montag. Um acht Uhr früh fährt der Zug. Alle Reisenden fahren Montag früh. Es ist ein großer Lärm, im Waggon. Ein Reisender – mir gegenüber – sucht Anknüpfungspunkte. Alle konventionellen Redensarten verzögern und enthüllen schließlich die Frage: koho maji? (Wen haben Sie?) Er will nur wissen, ob ich in seiner Branche reise. Tue ich es, so bin ich sein Gegner und hinter dem persönlichen Mitgefühl, das wir füreinander empfinden, lauert die Furcht vor dem Konkurrenten. Dann fragt er mich, wo ich aussteige: Ich fahre nach Rakowitz. Er fährt nach Karwitz. Aber manchmal treffen wir uns beide in Rakowitz bei derselben Kundschaft. So ist es einmal. Und auch dann verstehen wir uns und jeder von uns respektiert denjenigen, der früher da war.

Es gibt alte Reisende im Zug, die seit 20 und mehr Jahren immer dieselbe Tour nehmen. Man erkennt sie daran, daß sie im Fahrplan heimisch sind wie im Coupé und daß sie alle Telegraphenstangen und Bahnsignale und die Nähe einer bestimmten Station an den vorüberhuschenden Umrissen eines Bahnwächters kennen. Sie haben viel Gleichartiges erlebt und sie erzählen immer dasselbe. Vor allem täuschen sie sich selbst über die näheren Umstände ihrer Tätigkeit. »Sie kennen doch Kurz in B.!« sagt einer. »Dort bin ich wie ein Kind im Haus. Ich komm' hin, und der alte Kurz sagt: ›Setzen Sie sich, Herr Kanner! Wollen Sie einen Tee? Was macht Ihre Frau?‹ – Selbstverständlich – wenn man 20 Jahre reist. Fürs Abhausieren bin ich zu alt!« Indessen weiß ich, daß der Empfang nicht so freundlich sein kann, wie er geschildert wurde. Aber ich nicke und bestätige durch äußere Zeichen des Vertrauens, daß ich dem Alten glaube. Er ist keineswegs wie ein Kind im Haus, der Alte. Und zwanzig Jahre lang glaubt er selbst an seine Beliebtheit bei den Kundschaften. Und nur so wird ihm seine langjährige Tätigkeit möglich. So tröstet er sich darüber, daß Jüngere vielleicht acht Ordres im Tag bringen. Sie reisen in Kaffee. Er in Beliebtheit.

Ich weiß, daß es zu viele Reisende gibt und zu wenig Kaufleute in der Provinz. Da lebt in Romberg der Kaufmann Rudolf Lang, den ich besuche. Er besitzt einen kleinen, unscheinbaren Laden. Aber die räumlichen Ausmaße des Geschäfts sind keineswegs maßgebend für die

Leistungsfähigkeit eines Kaufmanns. Rudolf Lang ist groß und stark und er pflegt seinen blonden Schnurrbart zu Repräsentationszwecken. Er gehört zu jenen Kundschaften, die grundsätzlich nichts brauchen. Man muß wissen, daß ich kleingewachsen und glattrasiert bin und daß ich in Gegenwart des Kaufmanns Lang sehr bescheiden aussehe und meine angeborene Zaghaftigkeit vor gepflegten Schnurrbärten nur mühevoll bekämpfen kann. Wenn mich Rudolf Lang eintreten sieht, hebt er beide Hände mit auswärts gekehrten Handflächen hoch und macht verneinende Bewegungen mit dem Kopfe. »Nichts zu machen!« sagt Lang mit der festen Stimme eines entschlossenen, kräftigen Mannes. Es ist drei Uhr nachmittags und ich weiß, daß heute schon vier, fünf Reisende dagewesen sind. Dennoch trete ich näher. »Ich habe noch Ihren Guatemala vom letzten Jahr«, sagt Lang. »Ich kann nichts brauchen! Wirklich nichts!« Und er bedient seine Kundschaften weiter, während ich eine Schublade mit der Aufschrift »Zimt« betrachte. Dann geht die Tür, es ist kein Fremder mehr im Laden – nur Lang und ich. Und ich sage so nebenbei: »Schade, ich hätte so einen guten Santos! Zu 22!« »Kann nichts brauchen«, sagt Lang und betrachtet einen seiner großen starken Fingernägel, die wie aus Schildpatt gemacht sind. Und während ich meine Tasche an mich nehme und mich scheinbar zum Gehen anschicke, ziehe ich wie von ungefähr ein Säckchen aus dem Rock und schütte seinen Inhalt spielerisch verträumt auf meine flache Hand.

Und das ist meine Rettung. Denn der Kaufmann Lang sieht schielend auf meine Hand. »Sehn Sie«, – sage ich – »diesen Kaffee würde man für keinen Guatemala halten.

Aber die Qualität ist hochfein. Und ich glaube, Sie hatten schon solche Kaffees.« »Zeigen Sie her!« sagt der Kaufmann Lang. Und ich öffne meine Handtasche. Und ich lange nach dem Notizbuch insgeheim. Und wenn der Kaufmann Lang nur 2 Säcke kaufen will, weiß ich, daß er mit Leichtigkeit 4 kaufen kann. Und er tut es auch.

Aber der Typus Lang ist nicht der schlimmste. Da lebt in Bladowitz ein Kaufmann, der die Welt gesehen hat und durchaus unnachgiebig ist und der mir mit einer so sanften Höflichkeit entgegenkommt, daß ich wehrlos werde. Der Kaufmann sagt: »Es ist schade, verehrter Herr!« Und er bedauert die Unmöglichkeit eines Geschäfts, als wäre *er* der Reisende. Er besitzt die Konsequenz der höflichen Unnachgiebigkeit. Hier versagt jeder Trick. Hier sagt der Kaufmann: »Versetzen Sie sich in meine Lage! Ich habe Ware für sechs Monate! – Kommen Sie in mein Magazin!« Und so suggestiv ist sein Wesen, so überzeugend sein Argument, daß ich mich wirklich in seine Lage versetze. Und während ich noch mit krampfhafter Schnelligkeit nach einem rettenden Einfall suche, hat sich der Kaufmann schon abschiednehmend verneigt. Und ich fahre zum Kaufmann Reininger nach Pleschin, dem ich vollkommen gewachsen bin.

Denn der Kaufmann Reininger ist zugänglich jedem Wort, und wenn nicht zufällig vor mir jemand dagewesen ist – selbst wenn man persona grata ist, ist man nicht allein – bin ich sicher, hier, in Pleschin wenigstens vier Säcke anzubringen. Der Kaufmann Reininger trägt einen kleinen altmodischen Spitzbart, er ist schwach und selbst in seiner automatischen Abwehr liegt eine Aufforderung zum Angebot. Auch sein Ideal ist der »restlose« Verkauf seines gesamten Vorrats. Allein, wie anders klingt es, wenn er sagt: »Ich habe noch viel. Vielleicht das nächste Mal!« Und diese ganz unbestimmt ausgesprochene Hoffnung auf ein fernes nächstes Mal ist mir ein Beweis für gegenwärtige Möglichkeiten. Ich sage: »So einen Portorico haben Sie noch nicht gesehen!« und gebe ihm Gelegenheit, auch Santos und Minas zu sehen. Und sagt er: »Weil Sie es sind, will ich einen Sack kaufen« – so einigen wir uns schließlich auf fünf. Und jetzt tritt die Notwendigkeit ein, schnell vom Niedergang der deutschen Valuta zu sprechen. Vom Steigen der Fettpreise. Von der Ausbreitung der Kinos selbst in solchen Nestern. Nur nicht von Kaffee! Denn so schwach der Kaufmann Reininger ist, er könnte doch plötzlich zur Besinnung kommen. Er könnte bedauern. Und er soll sich im Augenblick lieber für die Kinoprogramme interessieren. Und er interessiert sich wirklich.

Und so, zwischen der Hoffnung, beim Unzugänglichen etwas abzusetzen, den Nachgiebigen noch schwächer zu machen und der Enttäuschung, bei diesem zu spät zu kommen, bei jenem schon einen schnellen Konkurrenten anzutreffen, vergeht meine Woche.

Zwischen Lhota, Mražice, Bladowitz, Romberg, Karwitz, Rackowan und Pleschin geht mein Leben sechs Tage lang. Am Sonntag weiß ich, daß das Reisen in Kaffee mühevoll ist und Talent erfordert. Aber in den kleinen Orten, bei den kleinen Leuten – und wenn sie mich auch nicht erwarten – verbreite ich eine leise Ahnung von Ländern, aus denen meine Sorten stammen: Java, Ceylon, Sumatra, Salvador. Montag früh werde ich über Böhmisch-Trübau nach Mähren fahren.

SIMONE LAPPERT

Urlaub in der Espressotasse

Endlich haben die Cafés wieder geöffnet! Vielleicht liegt es daran, dass ich ziemlich ab vom Schuss in einem Dorf am Waldrand aufgewachsen bin, aber aus irgendeinem Grund schmeckt mir selbst mittelmäßiger Kaffee auswärts besser als ein ordentlicher zu Hause. Die Qualität des Getränks spielt dabei eine untergeordnete Rolle, der Ort, an dem es eingenommen wird, ist viel wichtiger: das Café, das Restaurant, das Bordbistro, die Eckbeiz, der Imbisswagen, die Hotelbar. Schon als Kind habe ich das Wort »auswärts« geliebt, es fiel selten, aber es bedeutete Nussgipfel, Pepita oder Pizza Margherita, es bedeutete etwas Besonderes. Und das ist es bis heute geblieben.

In der Unterstufe habe ich fünf Franken Sackgeld bekommen. Manchmal bin ich damit in die Dorfbäckerei gegangen nach der Schule und habe mir ein Stück Schokoladenkuchen gekauft. Es schmeckte zwar nach Natron und kostete fünfzig Rappen mehr, wenn man es in der Cafeteria aß, aber das war es mir wert. Ich saß an einem der Plastiktische in Marmoroptik und kam mir unglaublich weltfrauisch vor. Als Teenager bin ich in Basel ab und zu ins Hotel Trois Rois gegangen, um in dem prunkvollen Ambiente einen Espresso zu trinken. Alle anderen Getränke waren für mich zu teuer. Na ja, eigentlich galt das auch für den Espresso. Aber ich betrachtete ihn als Eintrittsticket zu einem Spektakel: Sonntagnachmittags versammelten sich unter den Kronleuchtern ältere Damen der Basler Schickeria, sie verzehrten kleine Törtchen von Etageren, und im Hintergrund spielte dazu ein Pianist im Anzug. Wenn der Kellner meine Bestellung brachte, veranstaltete er ein herrliches Brimborium, indem er alles mit eleganten Gesten vor mir platzierte: das silberne Tablett, auf dem der Espresso stand, und das Kännchen mit Milch, daneben das Tellerchen mit den kleinen Linzertortenstückchen, die es zu jedem Kaffee gibt, und die Dose mit den Zuckerwürfeln, die man sich mit einer silbernen Zange nehmen konnte.

Es ist überhaupt etwas von dem, was ich neben dem Geschirrgeklapper, den Zeitungen, der oft eigentümlichen Deko und der Möglichkeit, andere Leute zu beobachten, an Gaststätten am meisten liebe: das Unnötige, die Überraschungen. Den Gruß aus der Küche, die Nüsschen zum Apéro, die Bonbons zur Rechnung oder den Keks zum Kaffee; wenn eine Kellnerin mit Stolz und Würde den Unterschied zwischen zwei Weißweinen erklärt oder wenn die Barkeeperin das Glas ein bisschen voller macht und dabei zwinkert.

Unübertroffen sind natürlich Stuzzichini, die Knabbereien, die es in Italien zur Apérozeit gibt – besser als jede Wundertüte. Wahrscheinlich werde ich deswegen auch nie aufs Land ziehen: Kein Café in der Nähe zu haben kommt für mich nicht infrage. Denn Gaststätten sind so vieles in einem: Naherholungsgebiete, öffentliche Wohnzimmer, Inspirationsbiotope, die Möglichkeit, allein unter Leuten zu sein. Und wenn man in der eigenen Stadt in ein Café geht, in dem man noch nie war, in den schrägen Tearoom oben an der Kreuzung oder die zwielichtige Beiz mit der Dartscheibe neben der Tankstelle, dann ist das ein ganz kleines bisschen wie Ferien. Urlaub in der Espressotasse, sozusagen.

JULIAN SYMONS
Kaffee für drei

Der Zug verließ Bravington in Richtung London und gewann schnell an Tempo. Von seinem Platz im Speisewagen beobachtete Quarles mit Interesse und Belustigung die vier Personen, die jenseits des Ganges Platz genommen hatten. Fast automatisch schätzte er sie ein und brachte sie in den ›Fächern‹ seines Gehirns unter.

Die dominierende Gestalt der kleinen Gruppe war offensichtlich die etwa fünfzigjährige Frau mit scharfer Stimme und langer Nase, die ein teures, aber schlechtsitzendes Tweedkostüm trug. Zweifellos eine Frau von Vermögen, eine Frau, die sich ihrer eigenen Bedeutung durchaus bewußt war. Sie wollte sich mit dem Rücken zur Fahrtrichtung setzen, sie klagte über Zug, sie verkündete mit lauter Stimme, daß das Essen bestimmt ungenießbar sein würde, sie wies ihrer dreiköpfigen Begleitung die Plätze zu.

Alle drei behandelten sie mit Unterwürfigkeit. Die junge Frau an ihrer Seite fand Quarles besonders interessant. Ende Zwanzig, mit eckigem, ziemlich häßlichem, kurznasigem Gesicht, das durch herrliches kupferfarbenes Haar, über den Ohren gerollt, verschönt wurde. Sekretärin oder bezahlte Gesellschafterin? Jedenfalls gefiel ihr die Arbeit nicht. Von den beiden gegenübersitzenden Männern hatte der am Fenster ein rundes, jugendliches Gesicht und strahlte einen Hauch von Ahnungslosigkeit aus, die etwas gespielt zu sein schien. Er redete die ältere Frau mit Tante oder Tante Margaret an. Quarles stufte ihn als jungen Mann von luxuriösen Ansprüchen ein, der eben die Universität verlassen hatte und vor Tante Margaret recht höflich tat, sich wahrscheinlich aber recht boshaft über sie äußerte, wenn sie ihm den Rücken kehrte. Das vierte Mitglied der Gruppe war ein Mann in den Sechzigern, sehr geschniegelt, ein Mann mit einer schwarzen Aktentasche, die er in das Gepäcknetz legte. Sein Benehmen gegenüber Tante Margaret, die er Miss Hendry nannte, war trocken unterwürfig und ließ einen Hauch von Ironie erkennen. Arzt, Rechtsanwalt oder nur eine Art Geschäftsmann? Jedenfalls hatte er offensichtlich irgendwie mit Miss Hendry zu tun.

»Was empfehlen Sie?« wandte sich Miss Hendry an den grauhaarigen Kellner, als enthielte die Speisekarte sechzig Gerichte und nicht nur drei.

»Gegrilltes Schollenfilet, Madame …«

»Fisch am Montag?« Der Gedanke entsetzte Miss Hendry.

»Oder Roastbeef …«

»Bestimmt Pferdefleisch. Ich esse Rind nur zu Hause.«

»Oder Hamburger Steak«, sagte der Kellner leicht resigniert.

»*Hamburger* Steak? Was für ein Steak ist das wohl, bitte?« Miss Hendry blickte triumphierend in die Runde. »Wie ich schon sagte – nichts Vernünftiges zu essen hier.«

»Mit Ihrer gütigen Erlaubnis, meine liebe Miss Hendry«, sagte der Geschniegelte, »riskiere ich's mal mit dem Fisch.«

»Ich nehme das Rind«, sagte der Neffe.

Die junge Frau mit dem kupferfarbenen Haar sagte: »Ich auch.« Sie erinnerte Miss Hendry: »Sie haben auch letzte Woche in Folkestone Rind gegessen.«

»Wenn ich bei meinen Entscheidungen Ihre Hilfe brauche, Miss Bailey, gebe ich Ihnen Bescheid«, sagte Miss Hendry entschieden und wandte sich an den Ober: »Hamburger Steak.« Quarles fragte sich, warum die Reichen schlechtes Benehmen oft als Privileg ansehen. Dann konzentrierte er sich wieder auf seinen Kaffee mit Cherry Brandy und auf ein Buch mit dem Titel ›Die Logik des Verbrechens‹, die Arbeit eines amerikanischen Professors, der wie Francis Quarles Privatdetektiv war. Nur noch vage nahm er Worte und Bewegungen am gegenüberliegenden Tisch wahr. Miss Hendry schickte das Hamburger Steak zurück, klagte über den schwankenden Zug, fragte den Ober, ob die Eiercreme aus richtigen Eiern oder etwa aus Pulver gemacht sei. Die anderen Mitglieder der Gruppe und der Kellner schienen ihr Benehmen gleichermaßen resigniert hinzunehmen. Sie bestellte Eiercreme und behauptete dann, sie sei klumpig. »Ich will Kaffee«, sagte sie schließlich. »Er ist bestimmt nicht trinkbar, aber ich möchte welchen.«

Diesmal war es der Neffe, der darauf hinwies, daß Kaffee nach dem Essen gewöhnlich Miss Hendrys Verdauung durcheinanderbrächte.

»Ich will Kaffee«, sagte Miss Hendry fest. »Wir alle trinken Kaffee.«

»Ich nicht.« Das Mädchen mit dem kupferfarbenen Haar stand auf und verließ den Speisewagen. Sie wirkte ziemlich bleich. Kreischend raste der Zug in einen Tunnel. Quarles schloß die Augen. Er öffnete sie plötzlich wieder, als die

Stimme des Neffen sagte: »Tante Margaret, was ist denn? Tante Margaret!«

Miss Margaret Hendry war nach vorn über den Tisch gesunken, das Gesicht verzerrt und gerötet. Ihre rechte Hand zuckte zwischen dem Geschirr auf dem Tisch hin und her, stieß Kaffee, Milch und Zucker um. Dann fiel die Hand mit ominöser Endgültigkeit schwer herab.

Weiter hinten im Speisewagen saß ein Arzt namens Kinley. Er und Quarles übernahmen das Kommando, während Miss Hendrys Tischgefährten besorgt zuschauten. Kinleys Untersuchung dauerte nicht lange und als er wieder aufblickte, war sein Gesicht ernst: »Die Frau ist tot.« Er zögerte und fügte mit einem Blick auf Quarles hinzu: »Sie ist vergiftet worden.«

Quarles, ein großer Mann in leichtem grauem Anzug, beugte sich über die Leiche. Sofort nahm er den charakteristischen scharfen Bittermandelgeruch wahr. »Zyanid.« Kinley nickte. Miss Hendrys Kaffeetasse war umgeworfen, aber der Zyanidgeruch war noch unverkennbar. Quarles roch an den anderen Tassen und an den Resten in der Kaffeekanne und im Milchtöpfchen und stellte kein Zyanid darin fest. Er musterte den geschniegelten kleinen Mann, den erschreckten Neffen, die blasse Miss Bailey und den Kellner und sagte: »Na.«

Der Geschniegelte sagte: »Hören Sie mal, Mr. Quarles, ich kenne Ihren Ruf. Mein Name ist Winterbottom, und ich bin – war – Miss Hendrys Rechtsanwalt. Das ist zwar nicht ganz vorschriftsmäßig, aber ich glaube, ich kann im Namen des Nachlasses sagen, daß wir Sie mit der Klärung dieses … äh … unglückseligen Zwischenfalles beauftragen möchten. Dies sind Miss Hendrys Neffe Rollo Matthews und ihre Begleiterin Miss Lucile Bailey.«

»Dieser unglückselige Zwischenfall, wie Sie es nennen, Mr. Winterbottom, sieht mir doch sehr nach Mord aus. Machen Sie sich das klar?« Der kleine Mann schaute ihn gequält an, nickte aber. »Gut also. War Miss Hendry eine reiche Frau?«

»Sie war … äh … stand sich recht gut.«

»Was heißt das? Wieviel ist ihr Nachlaß wert?« Mr. Winterbottom zupfte zögernd an seiner Krawatte. »Annähernd, mein Lieber, annähernd.«

»Etwa um hundertundfünfzigtausend Pfund. Vor Abzug der Steuern natürlich.«

Quarles schürzte seine dicken Lippen. »Und wer sind die Haupterben?«

»Rollo – Mr. Matthews hier – war der nächste Verwandte. Er erbt fast den gesamten Besitz. Es gibt da natürlich einige kleinere Legate. Miss Bailey …«

»Ich bekomme fünftausend Pfund«, sagte die junge Frau mit dem kupferfarbenen Haar in ihrer Schmollstimme. »Tausend für jedes Jahr, das ich in ihren Diensten ertrug. Wohlverdient, das können Sie mir glauben.«

»Sie haben Miss Hendry nicht gemocht?«

»Sie haben ja selbst gesehen, wie sie war. Hätten Sie für sie arbeiten mögen? Ich wäre längst fort, aber sie zahlte gut.«

Mr. Winterbottom hustete. »Im wesentlichen ist das das Testament.«

Quarles wandte sich an den Kellner: »Wie heißen Sie?«

»Layton.«

»Haben Sie Miss Hendry gekannt?«

Der Kellner war eine große, ansehnliche Erscheinung mit grauem Haar und höflichen Umgangsformen. »Vom Ansehen, Sir. Sie reiste oft nach London und klagte dabei unweigerlich über das Essen und die Bedienung. Wir haben sie Miss Mecker genannt.«

»Berichten Sie mir, was geschah, als Sie den Kaffee servierten.«

»Ich stellte ihn auf den Tisch, Sir – Kaffee für drei – und fragte, wie man ihn wollte. Miss Hendry nahm ihren Kaffee weiß und die beiden Herren schwarz. Diese junge Dame war nicht hier, als ich den Kaffee einschenkte.«

»Ich habe sie hinausgehen sehen«, sagte Quarles. »Und dann?«

»Dann ließ ich die Portionen auf dem Tisch stehen und ging hinaus.«

»Was geschah dann?« wandte sich Quarles an Winterbottom und Matthews. Der Rechtsanwalt ergriff das Wort.

»Dann tranken wir den Kaffee.«

»Wie steht's mit dem Zucker?«

»Oh, natürlich – wir nahmen Zucker. Das hatte ich vergessen. Mrs. Hendry nahm keinen, aber wir nahmen Zukker, dann tranken wir den Kaffee.«

»O nein, alter Knabe«, wandte Rollo Matthews leise ein. »Dann kam der Tunnel. Und da dauerte es noch einige Sekunden, ehe die Lichter angingen. Daran erinnern Sie sich bestimmt auch, Mr. Quarles.«

»Ich schloß die Augen, als wir in den Tunnel fuhren«, sagte Quarles. »Von den Lichtern habe ich nichts bemerkt.«

»Nun, es dauerte ein paar Sekunden, bis sie angingen. Als es hell wurde, tranken wir alle unseren Kaffee.«

»Und in diesen dunklen Sekunden waren Sie sehr wohl in der Lage, etwas in Miss Hendrys Kaffee zu tun, nicht wahr? Sie saßen ihr doch direkt gegenüber.«

Rollo starrte ihn verblüfft an. »Die Möglichkeit hatte ich wohl schon. Aber ich habe es nicht getan.«

»Oder Mr. Winterbottom hätte es tun können.«

»Nein, ich bin sicher, ich hätte es gemerkt, wenn er sich über den Tisch gebeugt hätte.«

»Was ist mit Miss Bailey? Hätte sie im Dunkeln zurückkommen können?«

Beide Männer schüttelten entschieden den Kopf und bemerkten, daß sie das gemerkt hätten. Miss Bailey wär erst nach Miss Hendrys Zusammenbruch wieder in den Wagen gekommen. Rollo stieß einen Laut der Überraschung aus. »Eben fällt mir etwas ein, Mr. Quarles. Tante Margaret nahm zwar nie Zucker in ihren Tee, aber sie nahm manchmal Traubenzucker. Und sie fummelte in ihrer Handtasche herum, als wir den Tunnel erreichten. Ich weiß allerdings nicht, ob das irgendeine Bedeutung hat.«

»Oh, wirklich nicht? Es hat aber eine Bedeutung.« Quarles nahm Miss Hendrys braune Krokodilledertasche vom Sitz und holte eine kleine Medizinflasche mit weißem Pulver heraus. Vier Paar Augen beobachteten ihn, als er den Deckel abschraubte, etwas Pulver in seine Hand schüttete und das Häufchen mit der Zunge kostete. Der bittere Geschmack war nicht zu verkennen. Er sagte: »Als der Tunnel kam, schraubte Miss Hendry dieses Fläschchen auf, in dem sie ihren Traubenzucker vermutete, und schüttete etwas

Pulver in den Kaffee. Und das verrät uns zugleich den Namen ihres Mörders.«

»Inwiefern?«

»Weil nur ihr Mörder, nur die Person, die den Traubenzucker durch das Zyanid ersetzte, die Gefahr dieses Augenblicks kennen konnte und sich mit einem Alibi versehen wollte, indem sie den Wagen verließ.« Er wandte sich an das bleiche Mädchen, das plötzlich den Kopf in die Hände stützte. »Sie meinten wohl, eine Wartezeit von fünf Jahren wäre genug, Miss Bailey?«

ANDREAS UNTERWEGER
Koffeinismus

Ich war 17 Jahre alt, als ich das erste Mal Kaffee kochte. Ich weiß schon: das ist nichts Besonderes – die meisten sind jünger, wenn sie es tun, manche auch viel jünger (und dann ist es was anderes), andere aber sind viel, viel älter – Goethe z. B., so Hans, sei über 30 gewesen (andererseits: woher will Hans das wissen).

Ich weiß nur: *Ich* war 17, als ich das erste Mal Kaffee kochte, und es geschah bei Marie, in Maries alter Wohnung, der »Dachkammer«, wie Hans sie meist nannte – Hans, der, dann, später, auch dort wohnte: erst mit uns; dann: mit ihr; noch später, vielleicht, sogar: ohne sie … Aber das war, wie gesagt, erst später.

Damals jedenfalls, an jenem Morgen, als ich in Maries Wohnung erstmals Kaffee kochte, für uns, sie und mich, wohnte sie noch allein, und wir waren zu zweit, nur wir beide – wobei: die Tasse, die ich für sie hinstellte und aus der dann auch ich, wenig später, den ersten Kaffee meines Lebens (vorsichtig, ganz vorsichtig!) herausschlürfte, war, vielleicht, ich weiß es nicht (und kann nun niemanden mehr fragen [wie auch?!]), ein Geschenk von Hans.

Hans hatte mir gezeigt, wie man Kaffee kocht. Hans war es, der mich eingeführt hatte in jene dunkelbraunhellschwarze Welt, *er* hatte mich vertraut gemacht mit all den Werkzeugen, die man dafür braucht: die Filter (die er immer eigenhändig faltete), das Löffelchen, das »Schwarze« (wie er zu dem Pulver sagte) usw.

Hans war es auch, der mit mir zu Burroughs' gegangen war, wohin ich mich allein doch niemals getraut hätte. Er zeigte mir, wie man die guten, sauberen Bohnen erkannte und woran jene, von denen man besser die Finger ließ. »Besser gesagt«, sagte er, »die Zunge!« Er zeigte mir seine, kaffeebraunschwarze – ich lachte.

Später, als es um unseren Kaffee ging (und mit »uns« meine ich immer noch, trotz allem: uns, Marie und mich), ging ich freilich allein zu Burroughs', wenn der Kaffee knapp wurde. Auch dann, als das Geld knapp wurde, und selbst, als der Platz knapp wurde, und sogar, als ich selbst, noch viel später, längst schon woanders schlief, ging ich, noch immer, alledem zum Trotz, allein dahin, ganz allein. Aber jedes Mal hatte ich Hansens Zunge vor Augen.

Marie war da anders. Aber für uns, Hans und mich (besser gesagt: für Hans, dann, später erst, dank ihm, auch für mich), war Kaffee etwas anderes als für die anderen. »Die anderen«, sagte Hans, »trinken Kaffee, wie Flaubert Tee trank: Sie tauchen ihre Tränensäcke in lauwarmes Wasser, bäh … Balzac dagegen!«

Ach, Balzac – Hans sprach so oft von ihm … Balzac, der, laut Hans, Tag für Tag an die fünfzigmal Kaffee getrunken habe. Die Füße im Senfbad, Mönchskutte an, Fenster und Türen dicht und unter falschem Namen billigst (»doch mit den besten Bohnen!«) einquartiert: »*So* – wie Balzac – trinkt man Kaffee«, sagte Hans.

Marie konnte dem nicht viel abgewinnen. Aber Hans versuchte gar nicht erst, sie auf seine Seite zu ziehen. Das überließ er mir. Und wenn Marie sich kopfschüttelnd abwandte, wieder über die Rechnungen beugte, zog er mich beiseite: »Man sagt«, zischte er, »Balzac habe so viel Kaffee getrunken, um so viel schreiben zu können … In Wirklichkeit aber« (und dabei spürte ich *fast*, ganz heiß, seine Zunge im Ohr), »in Wirklichkeit: war es umgekehrt.«

Hans schenkte mir seinen alten Kapuzenpulli. Es war ein ziemlich dunkles, früher vielleicht einmal gelbes, jetzt aber eher grau-braun-gescheckstes, alles in allem freilich, den Flecken und dem verblichenen Muster zum Trotz, *schwarz* wirkendes Ding – das Hans, wie er sagte, »geliebt« habe. Dennoch: Er schenkte es mir.

Es geschah nach der »Probe«. In jener Nacht war Hans – unangekündigt, lang nach Mitternacht (ich lag noch wach) – bei uns, Marie und mir, hereingeplatzt. Hatte mich flüsternd hochgezogen – und hinuntergebracht, in sein Auto. Dort verband er mir dann die Augen. »Wohin?«, fragte ich. »Nach Kerouac!«, lachte Hans.

Wir schwiegen: die ganze Fahrt lang. Schließlich hörte ich, wie der Motor verstummte. Die Autotür ging auf. Von draußen: ein Klimpern. Ein Rattern. Noch eins. Und dann: zog Hans mich ins Freie, drückte mir dort etwas Heißes, Weiches (Plastikbecher!) in jede Hand: »Kaffee oder Kakao?« Doch noch bevor ich hätte schnuppern können, stieß er mich, kräftig, mit beiden Armen, nach vorne – wie ich feststellen musste, einen Abhang hinunter.

Ich glaube, es war Grünbein, der bemerkt hat, das Kennzeichen des modernen, großstädtischen Menschen (vom antiken Rom bis zum Tokio der Gegenwart) sei seine Schlaflosigkeit. Zumindest glaube ich, Hans das sagen gehört zu haben. Allerdings hatte Hans überhaupt, wie so oft, seine eigenen Thesen zum Thema.

»Denk doch nur an die alten Müllerlieder«, sagte er. *»Bei Tag und bei Nacht ist der Müller stets wach*. Oder: *Kennt nicht Ruh bei Tag und Nacht ...* Wenn das nicht neurotisch ist, was dann? Und wo geht es ihm so? *In einem stillen Grunde*! Nein, nein«, lachte Hans, »nicht nur der Homo metropolis ist ein *Insomniac.*«

Davon ausgehend entwickelte Hans komplizierte Theorien, die ich nie ganz begriff, deren Teile aber, laut Hans, »wie Räder« ineinandergriffen. Das zumindest klang logisch – es *ging* ja um Räder: »Mühlenrad – Kaffeemühle – Rad des Lebens«, sagte Hans etwa, »verstehst du?« Und ohne meine Antwort auch nur abzuwarten (ich lachte still), kramte er ein altes Telefonbuch aus seinem Rucksack, schlug es auf und rief: »Schau, alles Müller!«

Hans hatte mich aufs Land gebracht. An einen Bach, einen Fluss – zumindest roch es so: »schlickende, dann krautige Stille der Ufer«, eines von Hansens Lieblingszitaten (Celan), war das Erste, was mir durch den Kopf schoss, als ich, die beiden randvollen Automatenbecher in Händen, die Böschung hinunterrutschte.

Ich kam ins Stolpern, Stürzen. Rollte. Ich drehte mich. Auf einer dunklen Bahn voll Kanten, Dornen. Ich dachte an Hans, an Marie, die Becher. Die Becher! Ich hielt sie hoch, so gut es ging. Ich schrie, krümmte mich. Etwas zermalmte mich. Ich dachte an Marie. Und Hans. Und fiel in was, das schwarz war wie Kaffee –

Und so bestand ich die Probe. Später, als das Auto längst wieder vor unserem Haus parkte und Hans mich endlich geweckt hatte, zeigte er mir die Becher: einer zerknüllt, der andere noch immer, trotz allem, randvoll mit (»Steck die Zunge hinein!«) schalem Automatenkaffee. »Du bist richtig!«, sagte Hans. Und zum Lohn bekam ich seinen Kuttenpulli – wofür er die gelbe Weste nahm, die Marie mir gestrickt hatte: »Die brauchst du jetzt nicht mehr.«

Marie war anders – seit jener Nacht. Ich weiß nicht, wie lange wir, Hans und ich, weg gewesen waren, wie lange ich, allein im Auto, vor der Tür geschlafen hatte oder was genau ihr, die doch Schlaf so gesund fand, daran nicht gefiel, jedenfalls: trank sie seither keinen Kaffee mehr. Zumindest keinen, den *ich* kochte.

Hans hingegen kam nun häufig vorbei. Er wolle uns helfen, sagte er, und wirklich: Er brachte Geschenke mit, meist Bücher. Lyrik für Marie und für mich sehr viel Kafka (*Der Proceß, Die Verwandlung* …). Und einmal steckte er mir einen Gutschein für Kopi Luwak zu, den einzulösen ich prompt zu Burroughs' lief.

Es war dunkel, als ich heimkam. Ich weiß noch, dass es damals, als ich noch immer (aber nicht mehr ganz) und Hans noch nicht (nicht ganz) bei Marie wohnte, schon recht früh dunkel wurde. Und dass ich enttäuscht war, weil das mit dem Gutschein nicht geklappt hatte. Und dass mein Herz dennoch einen Extrasprung tat – vor Freude! –, als ich, an jenem Abend, im Abwaschbecken zwei schmutzige Tassen vorfand … Marie trank wieder Kaffee!

Hans zog bei uns ein. Mit ihm: all seine Bücher und, von zwei Trägern (Hans und mir) mit Mühe hochgeschleppt, seine Kaffeemaschine – ein mannshoher Kasten mit Luke drin, den Marie in die Abstellkammer verfrachten wollte, den ich aber, auf Geheiß von Hans, auf unser Küchenbord, neben den Kühlschrank, hob.

Es war ein eisernes Ding, ohne Kabel und Schläuche, das vorne, um die Luke, eine Tür zu haben schien. Unklar blieb, ob diese je geöffnet wurde – oder wie es Hans sonst gelingen mochte, damit Kaffee zu kochen. Wenn man ihn danach fragte, schwieg er, oder er lenkte ab: »Hast du meine Homer-Gesamtausgabe gesehen?«

Ich aber hatte damals kaum noch Lust zu lesen. Je mehr Bücher Hans in Maries Wohnung auftürmte, desto weniger verlangte mich danach, und ich hätte nur allzu gerne einmal ein paar davon weggebracht, um sie einzutauschen – gegen Kaffee, z. B. Aber das war tabu. Wie die Maschine, die ich um keinen Preis öffnen durfte. Und dabei schien sie (*falls sie hohl war*) groß genug, um einem Menschen Platz zu bieten. Oder, wer weiß, sogar zweien.

Ich schlief erst neben Marie, später auf der Matratze, die neben Maries Bett lag, noch später: kam Hans auf die Matratze und ich auf den Teppich, und dann, eines Abends, hieß Hans mich den Teppich aus dem Zimmer raus in die Küche rein ziehen, vor das Küchenbord, unter seine Maschine – er fand, dass ich schnarchte.

Ich verstand das nicht ganz, denn ich schlief auf dem Bauch (und er, mit offenem Mund, auf dem Rücken) – sofern man in unserem Fall, Hansens und meinem, überhaupt von »schlafen« sprechen kann. Er z. B. hatte, wann immer ich ihn beobachtete, auch die Augen weit offen (als ob er auf etwas wartete, dachte ich).

Ich hingegen schlief *sicher* nicht – aber ich träumte. Es war jede Nacht derselbe Traum: Autobahn, Dunkelheit und ich, der fuhr und fuhr … Unter mir ratterten die Räder, über mir ratterte der Kühlschrank, Maries alter, die Küche zum Vibrieren bringender Kühlschrank, und so: ratterten wir dahin, bis eines Nachts, als ich »schlief«, das Auto im Traum und der Kühlschrank in echt einen Extrasprung taten. Und Hansens Maschine vom Bord herabfiel.

Hans gab mir recht: der Krankenhauskaffee schmeckte scheußlich. Ich weiß nicht, ob sie wirklich, wie er behauptete, Desinfektionsmittel hineinmischten. Oder ob es doch an den Pillen lag, die die Nachtschwester reintat, wenn sie dachte, ich schliefe. Fakt ist: Der Kaffee schmeckte scheußlich. Aber: Hans half mir.

Bei seinen täglichen Besuchen (wobei »täglich« das falsche Wort ist: Er kam immer abends [wenn die Nachtschicht begann]) habe er bemerkt, dass es selbst hier, in dieser Scheußlichkeit, Nuancen gebe – auf die es ankomme. »Schwarz ist nicht gleich Schwarz«, sagte er (ein Zitat, das er Malewitsch zuschrieb [oder Fludd?!]).

So sei die Filterbrühe anfangs, oben, auf der Intensivstation, nicht ganz so schlimm gewesen wie das Instantzeug später, in der Allgemeinen, von der Automatenlauge jetzt, in der Reha – es schüttelte ihn –, ganz zu schweigen. »Am besten ist es aber, du trinkst *diesen*«, sagte er, während er mir ein schwarzes Döschen zeigte, das er eben aus seiner Westentasche genestelt hatte, und: »Ich werde ihn der Schwester bringen – sie kocht ihn für dich.«

Marie war ganz anders, als – die Tage wurden immer kürzer – Hans mich nach Hause brachte. Wobei »nach Hause« das falsche Wort ist. Erstens lag Maries »Dachkammer« mittlerweile: im Keller. Und zweitens: gab es dort keinen Platz mehr, an dem ich hätte schlafen können – ja, es gab überhaupt keinen Platz mehr.

Wo früher unser Bett gestanden war, stapelten sich jetzt: Hansens Bücher. Der Kleiderkasten: ein Bücherkasten. Das Küchenbord: ein Bücherbord. Das Essensregal, der Kühlschrank, die Duschkabine: Bücherregale. Und nur durch Zufall fand ich, als ich einmal Canettis *Blendung* aufhob, die Klomuschel wieder.

Tatsächlich hatte Hans wohl eine Art Antiquariat eröffnet – obwohl kein Schild darauf hinwies. Aber abends legte er ein paar Bücher, deren Titel mir nichts sagten, ins Kellerfenster, sodass man sie von draußen sah. Und wenn jemand hereinkam, führte Hans ihn ganz nach hinten (wo seine Kaffeemaschine stand), sie lachten, laut, und dann: rief Hans nach der Verkäuferin mit dem (wie die Nachtschwester!) knallschwarz gefärbten Haar: Marie.

Hans hatte nicht allzu viel Kundschaft, doch sein Geschäft schien zu laufen – gut genug jedenfalls, um sich *noch* einen Mitarbeiter leisten zu können: jemanden, der die Bücher abstaubte, die Haufen sortierte und morgens, wenn man wusste, dass nun niemand mehr kommen würde, die Kaffeemaschine polierte. Das war ich.

Ich sollte Hans helfen – in Wirklichkeit aber war es natürlich er, der mir half. Schließlich konnte ich kaum länger als fünf Minuten mit den staubigen Büchern hantieren – ohne gleich einen Hustenkrampf zu bekommen (der dann viel länger dauerte als fünf Minuten). Und angesichts der Maschine: sprang mein Herz.

Hans aber sah über meine Schwächen hinweg. »Ach was, das kommt nur vom Kaffee!«, lachte er – wann immer meine Hände, kaum dass sie die glatte, trotz ihres Unfalls vollkommen narben-, ja, makellos gebliebene Metallhaut der Maschine berührt hatten, zu zittern begannen – so heftig, dass ihnen Staubtuch *und* Tasse entfielen. Zum Trost gab er mir dann Bukowskis *Faktotum,* Walsers *Gehülfe* oder ein anderes Buch, das ihm passend erschien.

Ich weiß nicht, wo Marie hinging, wenn sie im Geschäft Schluss machte. Meist ging sie, wenn ich zum Polieren überging – auch Hans war dann immer kurz weg –, und einmal, als ein Krampf mich vor die Tür hinaustrieb, sah ich sie zusammen die Stiege hinaufsteigen ... Aber Stiegensteigen konnte ich ja nicht mehr.

Darum besorgte mir Hans die Wohnung im Keller *hinter* dem Keller. Wobei »Wohnung« falsch ist – es war eher ein Kasten. Aber ich wohnte darin, nein: schlief dort, genauer: rollte mich – morgens (nach Feierabend) – am Boden zusammen. Dann winkte Hans durch die Luke (»Gute Nacht«), klappte sie zu, sperrte ab.

Ich wurde gut bezahlt (»fürstlich!«, laut Hans), doch weil das Geld zum Großteil in die Miete ging (bzw. in Kaffee), war mein »Loft« (Hans) spärlich möbliert: Thermoskanne, Streichhölzer, ein Buch (Chandler: *Der große Schlaf*). Ich hatte ja auch nie daran gedacht, länger als immer nur die Nacht (den Tag) darin zu verbringen. Aber an jenem Abend, an dem Hans dann *nicht* kam, um mich abzuholen (die Tür aufzuschließen), fing ich damit an.

Hans-Jürgen Langenbach hieß, glaube ich, der Mann, aus dessen Buch über *Das Grauen einer Kaffeezubereitung* Hans manchmal zitierte. Er warf dann immer mit so komplizierten Wörtern wie »Extraktionsverhalten«, »Mahlgrad« oder »Yirgacheffe (Grad eins)« um sich … Nur um eins ging es nicht mehr: um Kaffee.

Und dabei ging es darum, um nichts anderes. Das hatte Hans zwar seit je behauptet, aber erst jetzt, im Kasten – als die Thermoskanne geleert, der Krimi gelesen, die Streichhölzer alle verbraucht und die Kanne zerbissen, ihre Scherben stumpf geschleckt, teils verschluckt worden waren –, begriff ich, warum.

Hans hätte es wohl so ausgedrückt: »Auf nichts kommt es weniger an als auf den Chlorogensäuregehalt des Kaffees, den du *nicht* trinkst.« Oder: »50 Kaffees am Tag sind *angeblich* tödlich. *Wirklich* tödlich aber ist: null Kaffee.« Usw. Aber das war es nicht, worüber er sprach, als er – den Kasten öffnete. Tatsächlich schwieg er. Und nur ich lachte – lachte und lachte, bis ich Kaffee spuckte. Was komisch war, weil ich gar keinen getrunken hatte.

Marie war anderswo, war umgezogen – so viel verstand ich, als Hans, nunmehr pausenlos redend, mich aus dem Kasten rettete, aus dem Keller, dem Haus schleppte. Die Polizei fuhr vor, Feuerwehr, Notarzt – wir aber: ließen sie alle hinter uns, bogen schon in die Lessingstraße ein, wir: gingen »auf Walz« (sagte Hans).

Wir wanderten aus, raus aus der Stadt, zogen, zu Fuß, an kleinen Flüssen entlang – Nacht für Nacht, bis Hans die Scheibtruhe, in der ich lag, nicht mehr schieben konnte. Manchmal versteckte er mich in der Uferböschung (stunden-, ja, sogar tagelang) – bevor er Erfolg gehabt hatte, bevor er, endlich: mit Kaffee zurückkam.

Hans, mein Held, holte klebrige Becher aus Plastikmülltonnen. Klaute Öko-Espressokapseln von Komposthaufen. Grub in der Mulde hinter dem »Imbiss ›Skoffo‹«, in die der Wirt den Sud hineinschmiss. »Wenn man bedenkt, dass die Menschheit im Jahr 400 Milliarden Tassen Kaffee trinkt … Das Einzige, wovon mehr konsumiert wird, ist Erdöl!«, lachte Hans, leise. Aber es gelang uns einfach nicht, Erdöl zu trinken – obwohl ich mir Mühe gab.

Hans und ich, wir fanden jede Art, Kaffee zu kochen, richtig. Ob mit Pump-Perkolatoren, Pressstempelkannen, Potsdamer Boilern: »Hauptsache, es extrahiert«, sagte Hans. Nur von dem, was er »Karl-May-Kaffee« nannte (Reste, Flusswasser, Bohnendose, Feuerzeug), hatten wir wirklich genug. Bzw.: nicht mehr genug.

Ich schätze, *das* war der Grund (und nicht der Wintereinbruch, wie man später sagte), der Hans seine Philosophie aufgeben ließ. Die der kleinen Flüsse, meine ich. Stattdessen schob er mich hinunter zum *großen* Strom, wo *alles* größer war. Größere Wege. Große Espressokapseldeponien. Und, v. a.: *die große Maschine.*

Es war Nacht, als wir ankamen. Das Rad, hoch wie der Siloturm, an dem wir eben vorbei waren (und womöglich noch schwärzer), stand still – aber Hans wusste, wo der Hebel war, mit dem sich die Schleuse zu dem Kanal unten öffnen, die alte Mühle in Gang setzen ließ. »Und gleich hier«, sagte er (und dabei drehte, nein, kippte er meine Scheibtruhe zu einer kastengroßen Vertiefung zwischen den Speichen des Rades hin), »kommt der Kaffee rein.«

Ich weiß nicht genau, was dann alles geschah – viel jedenfalls, viel davon gleichzeitig. Fakt ist: Das Licht ging an (Blaulicht, Scheinwerfer), und: Da war eine Stimme (via Megafon?). Sie gehöre, sagte sie (glaube ich), zu »Heiner« (»Herta«?) »Müller«. Fakt ist auch, dass Hans an dieser Stelle einen Lachanfall kriegte.

Fest steht außerdem: dass das »Kaffeemühlenrad« sich zu drehen begann. Mit mir, der ich aus der gekippten Scheibtruhe gepurzelt war, zwischen den Speichen. Und Hans am Schalthebel, und: dass er lachte und lachte. – Fest steht, dass ich versuchte, ihn zu warnen, als ich sah, wie seine Strickweste sich im Rad verfing.

Spätestens ab jetzt wird die Geschichte dunkel. Was die Fakten betrifft, meine ich, denn dort, bei der Mühle, war es, obwohl Nacht, mittlerweile taghell. Und deshalb sah ich auch so klar, sah klarer noch als tagsüber und sah: Marie – die aus dem Kreis der Lichter ringsum gebrochen war, und: auf uns, Hans und mich, zulief. Sie hielt eine Torte in Händen: rund, gelb, mit Kerzen darauf. Exakt 18, übrigens. Die, eine nach der anderen (während das Mühlenrad mich in die schwarze Brühe tauchte), erloschen.

Kaffee

Ich legte mein Kinn auf die Kante der Kredenz: in Blickhöhe mit der Kanne. Die Maschine brummte. Die ersten Tropfen klirrten, die folgenden platschten. Ein Sirren, wenn das Wasser durchgelaufen war. Im Filter oben eine verkrustete schwarze Masse.

Die erste Kaffeemaschine, weiß, ich denke an Weiß; an einen Komposthaufen unter Fichten, am Rand des Waldes, auf dem die benutzten Filter samt Inhalt landeten. In den Sommermonaten tranken wir den Kaffee im Garten, zwischen Zwetschgenbaum und Gemüsebeet, im Winter in der Küche, in den Übergangsjahreszeiten passten wir uns der Witterung an.

An warmen Märztagen trugen wir das Tablett mit den Tassen zur Südseite des Hauses, wo eine rot-gelb gestrichene Bank sich neben Marillenbäumen an die raue Hauswand schmiegte. Ich saß mit angezogenen Beinen da, schlürfte heißen Kaffee, ich muss sieben gewesen sein oder acht. Der Kaffee war dünn. Jacobs Monarch. *Unvergleichliches Verwöhnaroma mild in Szene gesetzt. Spitzenkaffee und seine besonders schonende Röstung machen Jacobs Monarch mild so sanft, ohne dabei auf Koffein zu verzichten.*

Und wer hatte mir zum ersten Mal Kaffee gegeben? Mutter? Vater? Großmutter? Großvater? Die Flüssigkeit tropfte auf den gläsernen Boden der Kanne, der Pegel stieg langsam, erreichte die Strichmarkierungen, neben denen Zahlen standen, 2, 4, 6, 8. Für jede Tasse einen Löffel, sagte der Onkel, er mache den besten Kaffee, sagten alle.

An Feiertagen oder wenn etwas gefeiert wurde, tranken wir den Kaffee im ersten Stock, in Fauteuils sitzend, aus feinem Geschirr; fein war es, weil wir es selten verwendeten. Jacobs Monarch.

Johann Jacobs, der 1895 in Bremen das Unternehmen *Jacobs* gründete, stammte aus einer Bauernfamilie. Als zweitgeborener Sohn konnte er auf kein Erbe hoffen und verließ den väterlichen Hof, um einen sogenannten Kolonialwarenladen zu eröffnen. Kakao, Tee, Schokolade und Kaffee, Johann verkaufte so gut, dass er nach wenigen Jahren imstande war, seine eigene Kaffeerösterei zu gründen, die er mit Hilfe seines USA-PR-geschulten Neffen Walther bis Ende der 1930er Jahre zu einem der wichtigsten Betriebe Deutschlands ausbaute. Im Oktober 1944 zerstörte ein Bombenangriff die Rösterei. Jacobs setzte die Produktion von Kaffeeersatz in einer ehemaligen Kartoffelflockenfabrik fort: Zuckerrübenschnitzel, Zichorien, Feigen und diverse Arten von Getreide wurden geröstet, gemahlen und verkauft. Auch diese Niederlassung wurde vernichtet. Doch unermüdlich (wie man so sagt) bauten die Jacobsen ihren Betrieb nach 1945 wieder auf. Der Neffe Walther übernahm die Firma, wandelte sie in eine Aktiengesellschaft um und verlegte ihren Sitz nach Zürich. 1961 gründete man in Wien die »Jacobs-Kaffee GmbH«, erfand die als besonders hochwertig beworbene Sorte »Monarch« und machte kurz darauf eine Krone zum Logo für den Kaffee. Elf Jahre später wurde die Zimbagasse im 14. Wiener Gemeindebezirk auf den Namen Jacobsgasse umgetauft, eine Tatsache, die sich der Konzern bis heute auf die Fahnen heftet. In der Folge fällt es mir schwer, der Firma auf der Spur zu bleiben. Walthers Sohn Klaus, so lese ich, fusionierte Jacobs mit der Schweizer Interfood AG, ungefähr zu der Zeit, als ich meinen ersten Kaffee trank, Anfang der 1980er Jahre. Danach scheint Jacobs zur Kraft Foods Group gehört zu haben, ein Unternehmen mit Sitz in Northfield, Illinois. Mittlerweile gehört Kraft Foods der H. J. Heinz Company: Kaffee und Ketchup unter einem Dach. *The Kraft Heinz Company* besitzt nun die Marke *Tassimo.* Kaffee auf Knopfdruck, ein Heißgetränkesystem des im Jahr 1753 gegründeten niederländischen Unternehmen Jacobs Douwe Egberts, das damals freilich *Douwe Egberts Koninklijke Tabaksfabriek-Koffiebranderijen-Theehandel Naamloze Vennootschap* hieß. Aus meinem ersten Filterkaffee wurden Thermoforming-Kunststoffkapseln. Das Wasser dringt in die Kapsel über ein momentan gestochenes Loch ein und verlässt es auch wieder durch dasselbe Loch: als Jacobs-Kaffee. Mondelēz International wäre, so lese ich weiter, der eigentliche Name der Firma, aber manchen Tochtergesellschaften hat man ihre Namen gelassen. In Deutschland sitzt Mondelēz nun in der einstigen Kaffeerösterei in Bremen; in Wien wurde bis 2013 Röstkaffee hergestellt.

Nun ja.

Ausbeutung, Kindersklaverei: wiederholt wurde Kraft Foods damit in Verbindung gebracht.

Immer noch?

Ich weiß es nicht. Wer weiß es schon?

Nachhaltigkeit etc. Wer schriebe es sich nicht ins Stamm-
buch, im Jahr zweitausendachtzehn?

Der Name *Mondelēz* habe Wiener Wurzeln, lese ich zu
meiner Verblüffung. Er sei eine Erfindung eines IT-Mit-
arbeiters der Filiale in Wien.

mondo + deliziös = mondelēz

Zufällig, so schreibt man, habe ein US-Mitarbeiter dieselbe Kopfgeburt gehabt. So mussten sich die beiden den
Ruhm teilen. (Und das Preisgeld?) Was es nicht alles gibt.

Und wer hatte mir zum ersten Mal Kaffee gegeben? Ich
trank ihn in der Früh, vor der Schule, mit viel Milch – ich
brauche das, sagte ich, weil alle das sagten: alle Frauen.

Ich brauche meinen Kaffee, sagte ich.

Ich brauche jetzt meinen Kaffee.

Damals galt Kaffee auch als Geschenk.

Die Großeltern brachten den Eltern Kaffee mit, meine
Eltern brachten den Großeltern Kaffee mit; der Onkel, der
Experte, brachte Meinl-Kaffee mit.

Julius Meinl I. war Bäckerssohn in Graslitz, Böhmen. Er
ging in Prag in die Lehre, im Farbwarenladen seines Onkels,
kam später nach Wien, wo er 1862 ein Geschäft eröffnete,
in dem er anfangs unter anderem grüne (Kaffee-)Bohnen,
dann frisch gebrannten Kaffee feilbot. Nach einer Pleite
stieg er aufs Rösten in größerem Stil um und eröffnete
1891 eine Röstfabrik. Zehn Jahre vor seinem Tod übergab
er seinem Sohn Julius Meinl II. ein florierendes Unternehmen, das sich über die ganze Monarchie erstreckte. Kennen Sie den Meinl-Mohr? Ein schwarzer Kinderkopf mit
rotem Fez, eine Bommel hängt da ordentlich von der
Spitze, ein rotes Hemdchen hat er an, der – ist es über-

haupt ein Er? Könnte er nicht auch eine Sie sein? In der ursprünglichen Variante des Logos (1924 vom österreichischen Künstler Joseph Binder entworfen) wirkt der Mohr etwas älter, zumindest ein Teenager, ein Page könnte er sein, ein Angestellter in der Rezeption eines Hotels? Da trägt er ein weißes Hemd mit drei Sternchen am Kragen, der gelb-silbrig-schwarz gestreift ist, er hat Augenbrauen und Augen, die er, vom Kaffee aus der Tasse in seiner Hand nippend, genüsslich zudrückt. Rote Lippen, goldene Ohrringe. Schwarze Haare, braune Haut. Die Bommel, ebenfalls schwarz, zerteilt in mehrere Streifen. Wenn er vor die Tür tritt, hinaus auf den Graben, vor das traditionelle Meinl-Geschäft, das es bis heute gibt und das viel, viel, viel mehr als Kaffee verkauft, wird sie baumeln im Wind, die Bommel, der Knabe wird froh sein, einen Hut zu haben, eine Haube, wie er sagen wird, wenn er in Wien aufgewachsen ist. So.

Kennen Sie das Logo von Meinl? Wie es heute aussieht? Bis in die 90er Jahre waren die Schilder des stilisierten Mohren, als pausbäckiger Scherenschnitt eines Kindes mit hohem Hut, in Österreich allgegenwärtig. Der Knabe hatte seine Tasse verloren, sich verjüngt, verflacht: ein Abziehbild auf gelbem Grund. Im Kaffeejungen sei ein sympathischer Barockengel wiederzuerkennen, heißt es auf der Seite des Meinl-Online-Shops im Jahr 2018, der Meinl-Mohr verbinde daher Tradition aus der ottomanischen Geschichte mit der zentraleuropäischen Architektur des Barocks. Julius Meinl II. heiratete übrigens 1931 die vierzig Jahre jüngere japanische Sängerin und Schauspielerin Michiko Tanaka. Sie erhielt die österreichische Staatsbürgerschaft, konnte in Europa bleiben. 1941 ließen sie sich scheiden. Ein Bild des Paars ziert bis heute Teeverpackungen.

Der Mohr ist seit einigen Jahren selten geworden und weiß, vollkommen weiß. Er blickt nicht mehr schräg nach unten, sondern halbhoch in die hintere linke Ecke. Alle Meinl-Filialen sind verschwunden, verkauft an diverse Supermarktketten, allen voran REWE. Nur der Flagshipstore [sic!] am Graben ist noch da. In Ottakring, in der Julius-Meinl-Gasse 3–7, dem Firmensitz von Anfang an, wird mehr denn je geröstet.

Während der Mohr zu einem bleichen Cherub mutierte und (mir) dadurch umso deutlicher vor Augen führt: die Kaffeekirschen, die ich in fermentiertem, geröstetem, gemahlenem Zustand in meine italienische Mokka fülle, könnten von den Händen eines Kindes gepflückt worden sein, hörte ich auf Kaffee zu trinken, etwa zehn Jahre lang.

Die Firma Meinl verschrieb sich der Nachhaltigkeit und dem Fair-Trade.

Wie soll ich das kontrollieren?

Acht Jahre lang versuchte ich, eine Kaffeepflanze, eine echte, eine, die versprach, zu blühen, Kirschen und Bohnen zu produzieren, am Fensterbrett durchzubringen. Sie blühte nicht. Sie starb.

Ich trinke wieder Kaffee, ein Tag ohne wird mir schwer.

Ich verschreibe mich Fair-Trade, Fair-Wages, Safe Working Conditions.

Ich vertraue, weil ich nicht imstande bin zu kontrollieren.

Ein 1-Raum-Café, die Theke hellblau gekachelt, nur drei, vier mintfarbige Sessel. Ich lege die Hand auf ein rundes

Tischchen aus hellem Holz. Slow coffee, japanisches Design: Flüssigkeit tropft auf den gläsernen Boden. Die ersten Tropfen klirren, die folgenden platschen. *Time slowly goes by with each drip of coffee.*

Wenn die Kaffeemaschine …

Wenn die Kaffeemaschine –
Tsch – Zsch – Pff – explodiert,
Verzieht der Gast seine Miene.
Denn dann ist etwas passiert.

Je nachdem, was es ihm tat,
Lacht er, lächelt oder flucht er.
Darauf untersucht er
Ursache und Resultat.
Explosion, dann Diskussion, bis Scherz:
Wie's gepufft und wie's geblitzt hat.

Kaffee, der aufs Tischtuch sich verspritzt hat,
Geht nicht mehr aufs *Herz*.

Café Europa

Jetzt reden wir schon wie unsere Eltern, sagten wir, wenn wir uns über die jungen Menschen mokierten, die mein Viertel in Beschlag genommen hatten, und lachten. Natürlich meinten wir auch das nicht ernst. Wir hatten recht, unsere Eltern nur Unverständnis gehabt.

Geiler Style, sagten wir und deuteten kopfschüttelnd auf den nächsten jungen Mann mit Schnauzbart und zu langem abgehalfterten Trenchcoat, in ausgewaschenen Jeans, deren Beine in weißen Tennissocken mit rot-blauen Querstreifen steckten, mit weißen Turnschuhen, rot-schwarz kariertem Holzfällerhemd und überdimensionierter Brille mit vergoldetem Rahmen. Chefmäßig, sagten wir, wenn die nächste junge Frau, die attraktiv hätte sein können, in viel zu großer, bis über den Nabel gezogener Pluderhose, einem viel zu kurzen und viel zu weiten Pullover, der aussah wie von der Uroma gestrickt und zu oft zu heiß gewaschen, mit selbst gestochenen lustigen Tattoos und einer Brille, die halb so groß wie ihr Gesicht war, in neonpinken Turnschuhen mit Klettverschluss an uns vorbeischlurfte. Und alle, ausnahmslos alle, trugen bei jedem Wetter Mützen.

Die Welt befand sich am Abgrund, und wir sahen es hier, in der Zollergasse in Wien-Neubau, wie unter einem Brennglas. Während wir und die kritischen Generationen vor uns provozieren wollten, wollten die jungen Leute, wie wir feststellen mussten, bloß anders aussehen, also uniform alternativ, gemäßigt gepflegt, aber doch so, dass es aussah, als wären sie gerade aufgestanden und hätten in letzter Sekunde bemerkt, dass sie etwas anziehen mussten, bevor sie auf die Straße traten, um davon zu träumen, einmal viel Geld zu verdienen und vorurteilslos zu bleiben. Uns faszinierte seit Jahren vor allem eine Frage: Warum wollte man lustig aussehen? Anders gefragt: Warum wollte man scheiße aussehen?

Aus Mangel an Selbstrespekt, sagte ich dann, aber mein Freund widersprach, weil sie sich doch sehr ernst nähmen, und tatsächlich konnte man beobachten, wie stolz sie ihre lachhaften Klamotten und stupiden Accessoires ausführten, die allesamt aus der Zeit stammten oder der Zeit nachempfunden waren, in der wir aufgewachsen waren. Während wir im Nachhinein die Augen vor Scham verdrehten, wenn wir uns in neonfarbenen Polyesterjacken, ausgewaschenen löchrigen Hochwasserjeans und klobigen Turnschuhen auf Fotografien in vergilbenden Alben wiederfanden, gaben sie viel Geld für Klamotten aus, die dem Altkleidercontainer entwendet schienen. Meine Mutter, sagte ich dann, hatte doch recht, als sie ein ums andere Mal meinte, das dürfe man nicht wegwerfen, das könnte eines Tages noch etwas wert sein.

Schau, sagten wir, wie ironisch, ein Mickey-Mouse-Pullover, wie subtil, eine Barbie-Handtasche.

Selbstverständlich waren sie alle gegen Rassismus, Sexismus, Homo- und Transphobie, natürlich würden sie niemals die Rechtsradikalen und Faschisten wählen, die sie selbstverständlich Nazis nannten – weil sie alle queer waren. Sie führten neue Wörter im Mund wie Fat Shaming, Mansplaining oder Manspreading. Sie hatten Follower und Hater. Sie lebten im Internet und waren mit ihren Smartphones verschmolzen. Die Typen sahen schwul, die Frauen wie heterosexuelle Männer aus, bis auf jene, die noch nicht ganz verloren waren, weil sie hoffentlich nur kurzfristig einem schrecklichen und im Nachhinein bloß Augenverdrehen hervorrufenden Gruppenzwang zum Opfer gefallen waren.

So darf man nicht reden, sagten wir einander dann und erhoben drohend die Zeigefinger, während wir uns fragten, ob der Kellner, den wir niemals in einem Lokal einstellen würden, gerade dabei sei, die Bohnen zu rösten. Seit der Kaffeebestellung war ein halber Tag vergangen.

Die Zollergasse hatte sich allmählich verändert. In den zehn Jahren, in denen ich hier lebte, war sie zu einem einzigen Lokal und wundersamen Laufsteg der Bizarrerien geworden. Die neuen Lokale waren von jungen Menschen mit Schlumpfmützen eröffnet worden, die in Berlin durch die Lokale junger Menschen mit Schlumpfmützen gezogen waren, um den Charme von Ruinen, willkürlich im Raum aufgestellten Singer-Nähmaschinen, sorgfältig gebrühtem Filterkaffee und auf dem Flohmarkt aufgestöbertem Mobiliar aufzusaugen. Große Glühbirnen hatten ohne Halterung aus der Decke zu kommen, die Kuchen nach Omas Rezept gebacken zu sein, in durchgewetzten Couches sollte man versinken.

Sie hatten ihre eigene Infrastruktur aufgebaut mit kleinen Läden, die lustige Namen hatten, infantile Wortspiele mit feinem Staubfilm. In den Läden konnte man seinen Bart trimmen lassen, die Verkleidungen der Saison kaufen oder Krimskrams erstehen, der in keinem Haushalt der Parallelgesellschaft fehlen durfte. Tag für Tag pilgerten aus der ganzen Stadt Verkleidete in die Zollergasse, am Wochenende stiegen sie aus Autos mit Provinzkennzeichen. Wir fühlten uns nicht mehr wohl in unserer Umgebung. Wir waren Fremde in der eigenen Gasse geworden. Wir erkannten unsere Welt nicht wieder.

Bürgerkinder allesamt, obwohl es längst keine Bürger mehr gab, seit 1938, vielleicht auch erst seit 1968, wie wir auf unseren kulturpessimistischen Streifzügen meinten, oder seit 1933, weil mein Freund, wie die meisten Ausländer in Hipstertown, aus Deutschland kam. Aber wenn wir von einer national befreiten Zone sprachen, in die Türken nur zum Dönersäbeln oder Gewandflicken kämen, verstand das niemand. Die Eltern der Faschingsgilde hatten Geld, dafür konnte sie tagein, tagaus im oder vorm Café sitzen, um ihre Lattes und Toast Hawaiis für Instagram zu fotografieren; selbst das Essen war eine ironische Anspielung auf die Verbrechen der deutschen Wirtschaftswunderküche. Sie waren alle entweder Künstler oder Start-up-Unternehmer, wobei die Grenzen ohnehin am Verschwimmen waren. Sie waren natürlich Künstler*innen und Unternehmer*innen; als wir studierten, wären sie Künstler/innen oder UnternehmerInnen gewesen. Sie waren genau das, was der zeitgenössische Kapitalismus brauchte: Die einen würden viel Geld mit innovativen Geschäftsideen und gefinkelten Apps verdienen und einen kleinen Teil davon in die schwachsinnigen Videoinstallationen und Aktionen ihrer Brüder und Schwestern stecken, die noch immer voller MDMA und zugekokst durch die Nächte stolperten. Neben ihnen die Sintflut.

Jetzt mal ehrlich, sagte ich an einem der heißesten Tage des Jahres, kann man es den Islamisten verübeln, wenn sie diese Gesellschaft als verrottet empfinden? Kann man es den Vorstadtjugendlichen vorwerfen, wenn sie diese Altersgenossen, die sich als die Avantgarde von weiß der Kuckuck was begreifen, als Schwächlinge, Clowns und Witzfiguren sehen?

Manchmal, sagte mein Freund, könnte man meinen, nur eine Atombombe.

So darf man nicht reden, sagte ich, das ist nicht lustig.

Dafür bist du homophob.

Und du transphob.

Sexist warst du schon immer.

Von deinem latenten Rassismus ganz zu schweigen.

Latent kennen die nicht. Dafür bin ich kein Antisemit.

Aber Eurozentrist.

Dazu stehe ich.

Post-Kolonialismus noch nie verstanden.

Gib zu, dass du in Wahrheit Nationalsozialist bist!

Stalinist, das weißt du ja: Wenn ich an die Macht komme, kommst du in den Gulag.

Auch an diesem Tag trugen alle Mützen, bis auf jene, die lustige Hüte oder Basecaps mit geraden Schirmen trugen. Der junge Mann im weißen Anzug trug weder Mütze noch Basecap. Er hätte einen Zylinder oder einen Panamahut tragen können. Aber er hatte seinen Kopf nicht bedeckt.

Wir hatten bloß einen Kaffee trinken und dann wieder

an die Arbeit gehen wollen, an das jeweilige Spiel, das wir augenzwinkernd Arbeit nannten und von dem wir fürchteten, dass es die jungen Menschen um uns herum nicht im Geringsten interessierte. Dabei hätten sie, wie wir sagten, so viel von unserer Kunst lernen können. Aber nun war es halb vier, es hatte über vierzig Grad, die meisten Menschen ächzten unter diesen Temperaturen, sie hätten sich auch über Regen beschwert, ich sprach übertrieben laut vom Segen des Klimawandels, um entrüstete Blicke oder bissige Kommentare von den Nebentischen zu ernten, was für uns nur ein weiteres Zeichen des Verfalls war: Wenn man keine Emojis oder augenzwinkernden gelben Gesichtchen anfügte, verstand niemand mehr Ironie oder Sarkasmus, am wenigsten die, die ironisch gekleidet waren. Aber vielleicht, wahrscheinlich, sagte mein Freund, meinten sie es gar nicht ironisch – oder eben anders ironisch. Vielleicht sogar sarkastisch.

Wir saßen vorm Café Liebling, der Hipster-Hochburg, wobei wir uns nicht sicher waren, ob Hipster eine Eigen- oder Fremdbezeichnung war, und ob sie von Anfang an abschätzig gemeint war, wie wir sie verwendeten, oder positiv. Als ich vor zehn Jahren hier gelandet war, sprach man von Bobos, aber das waren andere Menschen gewesen, die anders ausgesehen und mittlerweile keine Zeit mehr hatten, ab dem Frühstück zu Mittag bis in die Früh in Cafés zu sitzen und mit ihren MacBooks zu spielen.

Die Gastgärten waren voll, alle Tische und Stühle besetzt, die Menschen fächerten sich und einander Luft zu, niemand hatte, wie wir bemerkten, etwas zu tun, niemand arbeitete, am wenigsten die Kellner, und wir beschlossen, an diesem Tag, bei diesem Wetter, in dieser Welt auch nicht mehr zu arbeiten.

Wir bestellten Weiße Spritzer. Wir stießen auf den Abgrund an, als die Getränke einen Vierteltag später vor uns standen. Wir nahmen die nicht ganz sauberen Gläser achselzuckend hin. Wir sagten, dieses Wetter sei natürlich der Grund, warum es im Süden und in Afrika aussehe, wie es aussehe, und wir sagten es so, als könnten wir damit gleichzeitig den rechten Dumpfbacken ihre Dumpfbackigkeit enthüllen und die braven linksliberalen Hofnarren auf die Palme bringen. Als ich eine halbe Stunde später zum ersten Mal von dem weißen Anzug hörte, war ich mir sicher, dass kein braver Linksliberaler in ihm gesteckt hatte, und ich musste unweigerlich an einen Bekannten denken, mit dem wir nichts mehr zu tun haben wollten, der sich so sehr in seiner Rolle als kultivierter Landjunker verheddert hatte, dass ich eine halbe Stunde später befürchtete, er hätte ausnahmsweise einen weißen Anzug angezogen.

Am Nebentisch ereiferten sich drei junge Faschingsprinzen über den faschistischen Innenminister, den sie einen Nazi nannten, und ich sagte, er sei als Kind wahrscheinlich im Schulhof geschlagen worden, wahrscheinlich hätten ihm die anderen Buben das von Mama in Butterbrotpapier eingeschlagene Pausenbrot weggenommen und den in Scheiben geschnittenen Apfel dazu, und wahrscheinlich habe er einen kleinen Penis, was mein Freund nicht behaupten wollte.

Schau mal, sagte ich und zeigte ihm ein Foto, das mir ein Freund von früher geschickt hatte, wobei ich erwähnte, dass mich der Freund von früher, den ich unlängst in unserem

Heimatort getroffen hatte, angegangen sei, wie sehr er sich über mich und das, was ich auf Facebook über die Flüchtlinge gepostet hätte, geärgert habe. Ich hätte gut reden. Nun hatte ich erstens nichts über Flüchtlinge gepostet, war er zweitens nicht auf Facebook, musste sich also über den Umweg des Profils seiner Freundin über mein Profil aufregen, und schließlich hatte ich ihn drittens gefragt, wie viel er im Monat verdiene, worauf ich ihm mit dem zuvorgekommen war, was ich durchschnittlich im Monat verdiente. Wer von uns war also Mitglied der berüchtigten Elite?

Geistige Elite, sagte mein Freund und hob sein Glas.

Auf dem Foto war ein etwa Vierzigjähriger mit spärlichem Haar zu sehen, dem die Dummheit ins Gesicht geschrieben stand. In seinem Gesicht war neben der Dummheit, für die er vielleicht nicht allzu viel konnte, große Freude, ja triumphaler Stolz zu sehen, weil neben ihm der große Führer mit dem falschen Lächeln stand. Beide streckten die Daumen aus. Beide hatten zugenommen. Beide grinsten wie Buben im Kindergarten, die den anderen das Spielzeug versteckt hatten. Ihre Gesichter glänzten, das des Tölpels vom Alkohol, das seines Führers vom Kokain. Der bewundernde Tölpel war Parteiobmann der Freiheitlichen in einem niederösterreichischen Kaff, in das ihn weiß der Teufel was verschlagen hatte. Anders als den neuen Vizekanzler kannte ich ihn von früher. Wir hatten uns über ihn lustig gemacht, über seinen Sprachfehler, über seine hölzerne Art, über sein im Großen und Ganzen unglückliches Wesen, und hatten wir ihn einmal mit uns kicken lassen, hatten wir uns die Bäuche vor Lachen gehalten, wenn er allen Erwartungen zum Trotz ein Tor geschossen hatte und, das Hohlkreuz durchgedrückt, nach vorn gebeugt, wie von einem Magneten angezogen, mit ausgestreckten Armen und ausgestreckten Zeigefingern abgedreht hatte, als hätte er ein Tor im WM-Finale und nicht auf dem ASKÖ-Platz von Oberwart geschossen.

Du bist mit schuld, dass er Faschist geworden ist, sagte mein Freund, nichts anderes wollte ich sagen, antwortete ich, aber da fiel unser Blick schon auf eine junge blasse Frau, die einen Toaster, ein Omelett, einen Kleiderhaken und eine Brille auf die linke Wade tätowiert hatte.

Wir bestellten zwei weitere Spritzer. Wir lehnten uns nach hinten. Wir erfreuten uns des alle Tage wiederkehrenden Karnevals. Es war Sommer. Ein Sommer, wie er früher niemals war. Der Himmel war dunkelblau, die Sonne brannte, der Stein hatte die Hitze aufgesogen, hinter uns lag der heißeste Juli seit Beginn der Aufzeichnungen. Die Menschen hatten sich unter Sonnenschirme geflüchtet, tranken Kaffee mit laktosefreier oder Sojamilch, ausgefallene Limonaden oder Craft Beer, aßen Salate mit Avocados und Chia-Samen, übertauere Pizza aus organischem Sauerteig mit Roter Beete oder ausgefallene Burger mit Süßkartoffelpommes, und während wir unsere kulturpessimistischen Überlegungen unterbrachen, um über eine bevorstehende Hochzeit oder den letzten Tratsch oder doch wieder über den Abgrund zu reden, an dem die Welt und insbesondere die Zollergasse sich befanden, musste der junge Mann in seinem weißen Anzug, einen Brief in der Sakkotasche, eine rote Rose in der Brusttasche, ein paar Schritte weiter im Café Europa einen Sitzplatz ergattert und ein Glas Wein bestellt haben.

Der Kellner brauchte für unsere Spritzer so lange, dass wir uns fragten, ob er gerade dabei sei, die Trauben zu ernten. Er sah aus wie seine Gäste. Natürlich trug er eine Schlumpfmütze. Er trug seine Schlumpfmütze natürlich, als er die Gläser wortlos vor uns auf den Tisch stellte. Das tat er dermaßen nebenbei, dass ein Viertel des Spritzers aus dem Glas schwappte. Vielen herzlichen Dank, sagten wir und stießen miteinander an. Es war ein schöner Tag. Wir lehnten uns gegen die Wand und streckten die Beine aus.

Und dann ein Knall. Und nach dem Knall eine merkwürdige Stille.

Das war ein Schuss, sagte ich.

Quatsch, sagte mein Freund, für einen Schuss war das viel zu hell.

Das war kein Schuss, sagte eine am ganzen Körper tätowierte Bekannte, die mit ihrer zehnjährigen Tochter an einem der Nebentische Soda Zitron trank.

Aber da drang eine Prise Schwefelgeruch in meine Nase. Noch immer war es merkwürdig still. Offene Augen, offene Münder. Die Zeit schien angehalten. Aller Atem war angehalten. Alle lauschten in die merkwürdige Stille. Alles schien verlangsamt, als hätte jemand auf Stopp gedrückt – und dann das Bild in Zeitlupe weiterlaufen lassen.

Ich blickte nach rechts, vorbei am St. Art, zum Café Europa. Eine junge Blonde wankte mit Entsetzen im Gesicht davon. Ein junger Mann war über einen Tisch im Gastgarten gebeugt, den Kopf unter den Armen begraben. Eine junge Frau streichelte seinen Rücken. Die Bretter des Gastgartens vor uns waren aus billigem weiß gestrichenen Holz.

Die bunten Glühbirnen über dem Eingang brannten nicht. Gläser und Tassen blieben auf den Tischen. Niemand bewegte sich. Ich sprang auf und versteckte mich hinter dem nächsten Mauervorsprung. Sollte ein weiterer Schuss fallen, würde ich so schnell wie nie zuvor zur Mariahilfer Straße rennen und nach links abbiegen.

Es fiel kein weiterer Schuss. Dass es ein Schuss gewesen war, bestätigte der langsame Kellner, der sehr schnell zum Café Europa geeilt war, um zu sehen, was los sei, um zu fragen, ob er helfen könne. Noch immer war es still. Als hätte es Tonnen von Watte auf die Zollergasse geschneit. Fassungslose Mienen, davonstolpernde Gestalten, Menschen, denen man ansah, dass sie zu geschockt zum Weinen, aber füreinander da waren.

Sirenen heulten auf, Blaulicht flackerte. Zuerst kam die Rettung, dann die Polizei. Sanitäter und Notärzte sprangen mit einer Tragbahre aus dem Wagen. Die Polizei traf in Kleinbussen über die Lindengasse ein. Den Kleinbussen folgten Polizeiautos. Von der Mariahilfer Straße kam die Sondereinheit. Später, als alles vorbei war, rasten zwei Polizisten auf Motorrädern über den Gehsteig und brüllten Entgegenkommenden und Umherstehenden *Aus dem Weg!* zu.

Jemand hat sich im Gastgarten des Europa in den Kopf geschossen.

Die Kellnerin des St. Art, eine schwarz gekleidete junge Frau mit Dreadlocks und rasierten Schädelseiten, am ganzen Körper bunt tätowiert, ein nietenbesetztes Lederband um den Hals, die durchsichtigen dunklen Strümpfe löchrig, sperrte ihren Gastgarten mit einem Band ab; etwas in ihr sperrte ab – somnambule Bewegungen, verselbstständigte Handgriffe, Stuhl auf Stuhl, selbst das schien keinen Laut zu verursachen. Dann wankte sie mit gesenktem Kopf an uns vorbei Richtung Mariahilfer Straße.

Wie asozial, sagte mein Freund.

Wahnsinn, sagte dieser, schrecklich, sagte jene.

Passiert in Syrien jeden Tag, sagte der Kellner.

Wir sind aber nicht in Syrien, du Spast, sagte ein anderer.

Schau, sagte ich zu meinem Freund, ich kenne die Polizistin, die gerade dem Typen von der WEGA die Tatwaffe übergibt. Fällt dir etwas auf?

Beide ohne Handschuhe, sagte er, nicht sehr professionell. Obwohl hier der Fall klar sein dürfte.

Wie bei einem Anschlag, sagte jemand.

Sag ich ja, sagte der Kellner.

Als die Tragbahre in den Wagen geschoben und die Rettung ohne Blaulicht abgefahren war, sprach die Polizei mit den Menschen, die im Gastgarten des Café Europa gesessen waren. Mit Menschen, neben denen sich ein junger Mann in weißem Anzug in den Kopf geschossen hatte. Die Luft flirrte, auf der Straße standen kleine Grüppchen stumm beieinander, die Blätter der eingetopften Bäume vor uns bewegten sich nicht. Man murmelte. Man flüsterte. Man sprach mit unmerklichen Kopfbewegungen.

Manchmal legte eine Polizistin einer jungen Frau den Arm auf die Schulter, bisweilen klopfte ein Polizist einem jungen Mann kurz auf den Rücken. Die Zollergasse war abgesperrt. Der Gehsteig vor dem Café Europa war mit orangen Stühlen verbarrikadiert, zwischen denen Polizisten mit verschränkten Armen standen. Die großen Fensterläden waren dunkelblau gestrichen. Hin und wieder knackte es in Funkgeräten. Polizisten traten von einem Bein aufs andere. Ein muskulöser asiatischer Kellner kam uns entgegen. Warte kurz, sagte ich, bei euch hat sich jemand in den Kopf geschossen. Danke, sagte er und beschleunigte seinen Schritt. Wir waren im Café Europa verabredet gewesen. Es waren keine zwei Stühle frei gewesen. Nicht auszudenken, sagten wir, kriegt man nicht mehr aus dem Kopf. Soll man nicht mehr aus dem Kopf kriegen.

Die Menge vor dem Café Europa hatte sich zerstreut. Wir hatten den Kellner um zwei weitere Spritzer gebeten, wann immer er dazu komme. Sie waren schneller gekommen als zuvor. Die Spritzer waren im Glas geblieben, obwohl seine Hände zitterten. Ein Beamter der Sondereinheit entfernte sich vom Tatort. Er atmete tief durch, schob seine verspiegelte Sonnenbrille über die Augen und eilte Richtung Mariahilfer Straße, als wäre dort eine bessere Welt zu finden. Auf dem Boden des Gastgartens zwanzig Meter weiter lag ein weißes Bündel. Es war in Rot getaucht, mit Rot vollgesogen.

Die Polizistin, die vor einer Stunde dem WEGA-Beamten die Tatwaffe ohne Handschuhe übergeben hatte, suchte mit einem Kollegen nach etwas. Nach einiger Zeit fanden sie in der Fassade gegenüber dem Gastgarten, hoch oben, über der Aufschrift *Garage* das Projektil. Der junge Mann im weißen Anzug, hörten wir, habe nach dem ersten Schluck Wein eine Pistole gezogen, sie unters Kinn gehalten, den Kopf nach hinten gelegt und abgedrückt. In dem Brief in seiner Brusttasche, hörten wir später, sei gestanden, seine

Asche solle mit Rosenblättern über dem japanischen Ozean verstreut werden.

Ein Knall mitten im Frieden von Hipstertown. An einem der heißesten Tage des Jahres. Am ersten August 2018.

Er sei nicht auf der Stelle tot gewesen, sagte der Kellner, ein paar Gäste hätten versucht, ihn am Leben zu halten. Er sei nicht tot gewesen, als die Rettung kam.

Die Kellnerin mit den Dreadlocks kam uns entgegen. Diesmal aus der anderen Richtung.

Willst du dich setzen, fragte ich, willst du etwas trinken?

Nein, sagte sie und hielt inne, die Augen geweitet, das Gesicht fahl, ich hab in dem Moment nach rechts geblickt und – ganz langsam zur Seite gesackt. Wie in Zeitlupe. Hab mich schon zwei Mal übergeben. Weiß nicht, wie ich da jemals wieder arbeiten soll.

Sie senkte den Kopf und schlich davon.

Alles Gute, sagte mein Freund, Wahnsinn. Die Arme. Und den kenne ich! Wir haben ja Tatortreiniger für die Grundreinigung unserer neuen Wohnung engagiert. Der Typ mit dem Pferdeschwanz.

Ein großer Mann mit Pferdeschwanz kam in einem dunkelblauen Trainingsanzug die Straße entlang. Er trug eine große Sporttasche; die Polizisten neben den orangen Stühlen traten zur Seite. Er öffnete seine Tasche, entnahm ihr einen Fotoapparat, zog sich Handschuhe über, kniete sich nieder und begann zu fotografieren. Dann las er Objekte vom Boden auf und ließ sie in Plastiktüten verschwinden. Eine ältere Dame kam uns entgegen.

Gehen Sie lieber auf die andere Seite, sagte ich, hier ist abgesperrt.

Ich wohne da, sagte sie, was ist denn passiert?

Jemand hat sich erschossen.

Mein Gott, sagte sie, die Hitz, und schüttelte den Kopf, macht die Leut ganz deppert. Schon war sie in ihrem Hauseingang verschwunden.

Am Schluss kam die Feuerwehr. Männer und Frauen in schwarzen Anzügen, mit weißen Helmen und schwarzen Handschuhen kletterten aus dem Einsatzwagen. Mit Kärchern reinigten sie den Boden vorm Café Europa. Sie arbeiteten ernst und sorgfältig. Niemand sagte ein Wort. Das Wasser peitschte den Beton. Über den Gehsteig lief es auf die Straße.

Die letzten Gäste brachen auf. Sie schüttelten die Köpfe. Sie hatten Tränen in den Augen. Sie waren schwach auf den Beinen. Sie ließen die Schultern hängen. Sie hielten die Köpfe gesenkt. Sie fassten einander an den Händen. Die eine legte der anderen einen Arm um die Schulter. Der eine umarmte den anderen. Jemand drückte eine Kellnerin. Ein Kellner stand regungslos vor den Feuerwehrleuten und beobachtete sie beim Reinigen des Gehsteigs. Zwei Kellnerinnen trugen die letzten Gläser und Teller ins Lokal. Die verbliebenen Polizisten standen flüsternd beieinander.

Die Äste der getopften Bäume vor uns bewegten sich nicht. Die Gläser auf den verwaisten Tischen waren halb voll. Ein Spatz landete auf einem Tisch und pickte neben abgegriffenen Getränkekarten nach Brotkrümeln. Die Zollergasse war abgesperrt. Es hatte einundvierzig Grad. Der Schatten hatte sich über unsere Seite der Gasse gelegt. Wir atmeten. Unsere Herzen schlugen. Jeder hatte seine eigene Geschichte. Jede hatte ihre eigene Welt. Und alle, ausnahmslos alle, waren schön. Auch die Mützen.

Ein Feuerwehrmann packte einen orangen Stuhl und trug ihn am Gastgarten vorbei auf die Straße. Ein zweiter Feuerwehrmann kam mit einem Kärcher von der anderen Seite. Der Feuerwehrmann mit dem orangen Stuhl blieb stehen und kippte ihn behutsam nach vorn. Während das Blut in den Gully floss, spritzte sein Kollege mit dem Kärcher Wasser hinterher.

Als die Feuerwehr abfuhr, war die Zollergasse wieder freigegeben. Zum ersten Mal, seit ich hier lebte, hatte das Café Europa geschlossen. Nachts brannte ein Teelicht auf einem der Tische im leeren Gastgarten. Das Café Europa hatte auch am nächsten Tag geschlossen.

GEORGE ORWELL
Echter Kaffee

Winston schaute sich in dem schäbigen kleinen Zimmer über Mr Charringtons Laden um. Neben dem Fenster war das riesige Bett gemacht, zerlumpte Decken und eine unbezogene Nackenrolle lagen darauf. Auf dem Kamin tickte die altertümliche Uhr mit dem Zwölf-Stunden-Blatt vor sich hin. In der Ecke, auf dem Klapptisch, schimmerte der gläserne Briefbeschwerer, den er bei seinem letzten Besuch gekauft hatte, sanft im Halbdunkel.

Im Kaminvorsatz stand ein ramponierter blecherner Ölherd, darauf ein Topf und zwei Tassen, von Mr Charrington bereitgestellt. Winston entzündete den Brenner und setzte einen Topf Wasser auf. Er hatte ein Kuvert mit Victory-Kaffee und ein paar Saccharintabletten gekauft. Die Zeiger der Uhr standen auf sieben-zwanzig, was eigentlich neunzehn-zwanzig war. Um neunzehn-dreißig kam sie.

Irrsinn, Irrsinn, sagte sein Herz immerzu: bewusster, überflüssiger, selbstmörderischer Irrsinn! Von allen Verbrechen, die ein Parteimitglied begehen konnte, ließ dieses sich am schlechtesten verbergen. Tatsächlich war ihm diese Idee erstmals in Form einer Vision von dem gläsernen, durch die Platte des Klapptischs gespiegelten Briefbeschwerer ins Hirn geweht. Wie vorausgesehen, hatte Mr Charrington bei der Vermietung des Zimmers keine Schwierigkeiten gemacht. Er war offenkundig froh über die paar Dollar, die es ihm einbringen würde. Ebenso wenig schien er schockiert oder machte beleidigende Andeutungen, als klar wurde, dass Winston das Zimmer zum Zweck einer Liebesaffäre haben wollte. Vielmehr schaute er an ihm vorbei und erging sich derart feinfühlig in Allgemeinplätzen, dass er den Eindruck machte, teilweise unsichtbar geworden zu sein. Privatsphäre, sagte er, sei etwas sehr Wertvolles. Jeder wolle doch einen Ort, wo er gelegentlich einmal allein sein könne. Und wenn man einen solchen Ort habe, gebiete es den anderen, die davon wüssten, nur die gewöhnliche Höflichkeit, dieses Wissen für sich zu behalten. Er sagte sogar noch, und dabei schien er geradezu nicht existent zu werden, dass das Haus zwei Eingänge habe, einer durch den Garten, welcher auf den Weg dahinter führe.

Unterm Fenster sang jemand. Winston spähte, geschützt von dem Musselinvorhang, hinaus. Die Junisonne stand noch hoch am Himmel, und in dem sonnenbestrahlten Hof darunter stapfte eine monströse Frau, massig wie eine normannische Säule, mit kräftigen, geröteten Unterarmen und einer sackleinenen Schürze um die Hüfte, zwischen Waschzuber und Wäscheleine hin und her und hängte eine Reihe viereckiger weißer Sachen auf, die Winston als Windeln ausmachte. War ihr Mund nicht gerade mit Wäscheklammern verstopft, sang sie in einem kraftvollen, tiefen Alt:

Es war bloß ein dummes Begehren,
Es ging so schnell wie's gekommen,
Doch ein wortloser Blick rief die Sehnsucht zurück
Und hat mein Herz mir genommen.

Dieser Ohrwurm war seit Wochen in ganz London zu hören. Er war eines von zahllosen ähnlichen Liedern, die von einer Unterabteilung des Musikkaders für die Proleten veröffentlicht wurden. Die Liedtexte wurden ohne jedes menschliche Zutun von einem Gerät namens Versbildner gedichtet. Doch die Frau sang so melodisch, dass aus dem grässlichen Mist fast schon eine angenehme Weise wurde. Er hörte die Frau singen und ihre Schuhe über die Steinplatten scharren und die Rufe der Kinder auf der Straße sowie irgendwo in der Ferne das schwache Rauschen des Verkehrs, und dennoch wirkte das Zimmer dank des fehlenden Bildschirms seltsam still.

Irrsinn, Irrsinn, Irrsinn!, dachte er wieder. Es war undenkbar, dass sie sich hier mehr als ein paar Wochen treffen konnten, ohne gefasst zu werden. Doch die Versuchung, ein Versteck zu haben, das wahrhaft ihnen gehörte, war für sie beide zu groß gewesen. Nach ihrem Besuch in dem Glockenturm war es eine Zeitlang unmöglich gewesen, Treffen zu vereinbaren. Im Vorgriff auf die Hasswoche waren die Arbeitszeiten drastisch erhöht worden. Sie war noch einen Monat weg, doch die enormen und komplexen Vorbereitungen, die sie mit sich brachte, luden allen zusätzliche Arbeit auf. Endlich schafften sie es, sich am selben Tag einen freien Nachmittag zu sichern. Am Abend davor trafen sie sich kurz auf der Straße. Wie immer schaute Winston Julia kaum an, als sie sich in der Menge aufeinander zubewegten, doch von dem flüchtigen Blick, den er ihr zuwarf, schien ihm, dass sie blasser als sonst war.

»Fällt aus«, murmelte sie, als sie es für sicher befand zu sprechen. »Morgen, mein ich.«

»Was?«

»Morgen Nachmittag. Ich kann nicht kommen.«

»Warum nicht?«

»Ach, das Übliche. Diesmal hat's früh eingesetzt.«

Einen Augenblick lang war er außer sich vor Wut. Im Lauf des Monats, seit er sie kannte, hatte sich sein Verlangen nach ihr verändert. Anfangs hatte es kaum echte Sinnlichkeit enthalten. Ihr erster Liebesakt war schlicht einer des Willens gewesen. Nach dem zweiten Mal aber war es anders. Der Geruch ihrer Haare, der Geschmack ihres Mundes, die Empfindung ihrer Haut schienen in ihn oder in die Luft um ihn herum gelangt zu sein. Sie war zu einer körperlichen Notwendigkeit geworden, zu etwas, was er nicht nur wollte, sondern worauf er, wie er fand, auch ein Recht hatte. Als sie nun sagte, sie könne nicht kommen, hatte er das Gefühl, betrogen zu sein. Doch just in dem Moment drückte die Menge sie aneinander, und ihre Hände berührten sich zufällig. Sie drückte ihm rasch die Fingerspitzen, was eine Bitte weniger um Begehren als um Zuneigung schien. Ihm fiel ein, dass eine solche Enttäuschung wohl ein normales, wiederkehrendes Ereignis war, wenn man mit einer Frau zusammenlebte, und mit einem Mal ergriff ihn eine tiefe Zärtlichkeit, wie er sie für sie davor noch nicht empfunden hatte. Er wünschte, sie wären schon seit zehn Jahren verheiratet. Er wünschte, er ginge mit ihr durch die Straßen so wie jetzt, nur offen und ohne Furcht, und unterhielte sich mit ihr über Banalitäten und darüber, dies und jenes für den Haushalt zu kaufen. Vor allem aber wünschte er, sie hätten einen Ort, wo sie miteinander allein sein könnten, ohne die Verpflichtung, bei jedem Treffen auch miteinander zu schlafen. Nicht genau da, sondern irgendwann am folgenden Tag war er auf die Idee gekommen, Mr Charringtons Zimmer zu mieten. Als er es Julia vorschlug, hatte sie wider Erwarten schnell eingewilligt. Sie wussten beide, dass es Wahnsinn war. Es war, als täten sie einen bewussten Schritt näher zu ihrem Grab. Während er auf der Bettkante saß und wartete, dachte er wieder an die Keller im Liebesministerium. Komisch, wie einem dieses prädestinierte Grauen immer wieder ins Bewusstsein trat. Da lag es, fest in der Zukunft verankert, und es ging dem Tod so sicher voraus, wie 100 auf 99 folgt. Es ließ sich nicht vermeiden, aber vielleicht ließ es sich aufschieben; stattdessen zog man es hin und wieder durch eine bewusste, vorsätzliche Handlung vor, die Spanne bis dahin zu verkürzen.

In dem Moment hörte er schnelle Schritte auf der Treppe. Julia kam ins Zimmer gestürmt. Sie hatte eine Werkzeugtasche aus grobem, braunem Leinen dabei; mit einer solchen hatte er sie manchmal im Ministerium herumlaufen sehen. Er sprang auf, um sie in die Arme zu schließen, doch sie löste sich gleich wieder von ihm, auch wegen der Werkzeugtasche, die sie noch in der Hand hielt.

»Ganz kurz«, sagte sie. »Ich will dir bloß schnell zeigen, was ich mitgebracht habe. Hast du was von diesem widerlichen Victory-Kaffee geholt? Hab ich mir gedacht. Den kannst du gleich wieder wegschmeißen, den brauchen wir nicht. Sieh mal.«

Sie fiel auf die Knie, riss die Tasche auf und schleuderte ein paar Schraubenschlüssel und einen Schraubenzieher heraus, die obenauf gelegen hatten. Darunter waren etliche ordentliche Papierpäckchen. Das erste, das sie Winston reichte, fühlte sich fremdartig und dennoch entfernt vertraut an. Es enthielt etwas Schweres, Sandartiges, das nachgab, wenn man es anfasste.

»Doch nicht etwa Zucker?«, sagte er.

»Echter Zucker. Nicht Saccharin – Zucker. Und hier ein Laib Brot – richtiges Weißbrot, nicht unser blödes Zeug. Und ein Gläschen Marmelade. Und hier eine Dose Milch – aber sieh mal! Auf das hier bin ich wirklich stolz. Ich musste ein bisschen Sackleinen drumwickeln, weil –«

Doch sie brauchte ihm nicht zu sagen, warum sie es eingewickelt hatte. Schon erfüllte der Duft das Zimmer, ein kräftiger, heißer Duft gleich einer Emanation aus seiner frühen Kindheit, dem man jedoch sogar heute noch gelegentlich begegnete, wenn er aus einem Korridor wehte, bevor eine Tür zugeschlagen wurde, oder sich auf wundersame Weise in einer belebten Straße verbreitete, einen Lidschlag lang gerochen und gleich wieder fort.

»Das ist Kaffee«, murmelte er, »echter Kaffee.«

»Der Kaffee der Inneren Partei. Ein ganzes Kilo«, sagte sie.

»Wie bist du denn an all das rangekommen?«

»Das stammt alles von der Inneren Partei. Es gibt nichts, was diese Schweine nicht haben, nichts. Aber klar, Kellner, Diener und so Leute klauen Sachen, und – da, sieh mal, auch ein Päckchen Tee ist da.«

Winston hatte sich neben sie gehockt. Er riss das Päckchen an einer Ecke auf.

»Echter Tee. Keine Brombeerblätter.«

»Seit einiger Zeit ist ziemlich viel Tee zu haben. Die

haben Indien oder so was eingenommen«, sagte sie vage. »Aber hör zu, Liebster. Ich möchte, dass du mir drei Minuten lang den Rücken zudrehst. Setz dich auf die andere Seite des Bettes. Geh nicht zu nah ans Fenster. Und dreh dich erst um, wenn ich's sage.«

Winston glotzte wie abwesend durch den Musselinvorhang. Im Hof unten marschierte die rotarmige Frau noch immer zwischen Waschzuber und Wäscheleine hin und her. Sie nahm zwei weitere Klammern aus dem Mund und sang voller Inbrunst:

Es heißt, die Zeit heilt alle Wunden,
Es heißt, man kann stets vergessen,
Doch das Lächeln, die Tränen, das endlose Sehnen,
Die haben das Herz mir zerrissen.

Offenbar konnte sie das ganze schmalzige Lied auswendig. Ihre Stimme stieg in der linden Sommerluft auf, sehr melodisch und erfüllt von einer gewissen heiteren Melancholie. Man hatte den Eindruck, dass sie vollkommen zufrieden gewesen wäre, wenn der Juniabend endlos und der Vorrat an Wäsche unerschöpflich gewesen wäre und sie dort tausend Jahre hätte bleiben, Windeln aufhängen und Blödsinn singen können. Ihm fiel auf, wie merkwürdig es war, dass er noch kein Parteimitglied allein und spontan hatte singen hören. Das wäre ja ein wenig unorthodox gewesen, eine gefährliche Verschrobenheit, wie ein Selbstgespräch. Vielleicht hatten die Leute erst dann, wenn sie sich dem Hungerpegel näherten, etwas, worüber sie singen konnten.

»Du kannst dich jetzt umdrehen«, sagte Julia.

Er tat es und erkannte sie einen Augenblick lang kaum wieder. Er hatte eigentlich erwartet, sie nackt zu sehen. Doch das war sie nicht. Die Verwandlung, die da geschehen war, war viel überraschender. Sie hatte sich das Gesicht geschminkt.

Sie musste in ein Geschäft im Proletarierviertel gehuscht sein und einen ganzen Satz Schminkutensilien gekauft haben. Ihre Lippen waren jetzt tiefrot, die Wangen trugen Rouge, die Nase war gepudert, sogar unter den Augen lag ein Hauch von etwas, was sie heller machte. Es war nicht sehr gekonnt ausgeführt, doch in solchen Dingen war Winstons Standard nicht hoch. Noch nie hatte er eine Frau aus der Partei mit Kosmetik im Gesicht gesehen oder sich auch nur vorgestellt. Die Aufwertung ihrer Erscheinung war verblüffend. Nur wenige Farbtupfer an den richtigen Stellen, und sie war nicht nur sehr viel hübscher geworden, sondern vor allem weit fraulicher. Ihr kurzes Haar und der jungenhafte Overall verstärkten die Wirkung nur noch. Als er sie in die Arme nahm, überflutete eine Welle synthetischer Veilchen seine Nase. Er erinnerte sich an das Halbdunkel einer Souterrainküche und den höhlenartigen Mund einer Frau. Sie hatte genau dasselbe Parfüm benutzt, aber in dem Moment spielte das keine Rolle.

»Auch noch Parfüm!«, sagte er.

»Ja, mein Lieber, auch Parfüm. Und weißt du, was ich als Nächstes mache? Ich besorge mir von irgendwoher einen echten Frauenrock, und den trage ich dann statt dieser blöden Hose. Und dazu Seidenstrümpfe und Stöckel! In diesem Zimmer werde ich keine Parteigenossin sein, sondern eine Frau.«

Sie rissen sich die Kleider vom Leib und legten sich auf das riesige Mahagonibett. Zum ersten Mal hatte er sich vor ihr nackt ausgezogen. Bislang hatte er sich seines blassen und mageren Körpers mit den Krampfadern, die auf seinen Waden hervorstanden, und der verfärbten Stelle über dem Knöchel zu sehr geschämt. Es gab keine Laken, aber die Decke, auf der sie lagen, war zerschlissen und weich, und die Größe und Federung des Bettes überraschte sie beide. »Das ist bestimmt voller Wanzen, aber was soll's!«, sagte Julia. Außer bei den Proleten sah man nirgendwo mehr Doppelbetten. Winston hatte in seiner Jugend gelegentlich in einem geschlafen, Julia, soweit sie sich erinnern konnte, noch nie.

Dann nickten sie für eine Weile ein. Als Winston erwachte, waren die Zeiger der Uhr schon beinahe auf neun gekrochen. Er regte sich nicht, weil Julia noch mit dem Kopf auf seiner Armbeuge schlief. Die meiste Schminke war auf sein Gesicht oder die Bettrolle übergegangen, aber noch immer hob ein feiner Rougefleck die Schönheit ihres Wangenknochens hervor. Ein gelber Strahl von der untergehenden Sonne fiel über das Fußende des Bettes und erhellte den Kamin, wo das Wasser in dem Topf sprudelnd kochte. Die Frau im Hof hatte aufgehört zu singen, dafür wehte schwaches Kindergeschrei von der Straße herauf. Er überlegte diffus, ob es in der abgeschafften Vergangenheit normal gewesen war, so im Bett zu liegen, in der Kühle eines Sommerabends, ein Mann und eine Frau, unbekleidet, die sich liebten, wann sie wollten, über das redeten, was sie wollten, keinerlei Zwang empfanden aufzustehen, die einfach dalagen und den friedvollen Geräuschen draußen lauschten. Es konnte doch nie eine Zeit gegeben haben, da das normal war. Julia erwachte, rieb sich die Augen, stützte sich auf einen Ellbogen und schaute auf den Ölherd.

»Das Wasser ist ja halb weggekocht«, sagte sie. »Ich steh gleich auf und mach Kaffee. Wir haben noch eine Stunde. Um welche Zeit schalten sie bei dir zu Hause die Lichter aus?«

»Um dreiundzwanzig-dreißig.«

»Im Wohnheim um dreiundzwanzig. Aber du musst früher dort sein, weil – He! Raus hier, du ekliges Vieh!«

Unvermittelt wirbelte sie auf dem Bett herum, griff sich einen Schuh vom Boden und schleuderte ihn mit einem jungenhaften Ruck des Arms in die Ecke, genauso, wie er sie an jenem Vormittag beim Zweiminutenhass das Wörterbuch nach Goldstein hatte werfen sehen.

»Was war das?«, sagte er verblüfft.

»Eine Ratte. Ich hab gesehen, wie sie ihre eklige Nase aus der Vertäfelung gesteckt hat. Da unten ist ein Loch. Jedenfalls hab ich ihr einen gehörigen Schrecken eingejagt.«

»Ratten!«, murmelte Winston. »In diesem Zimmer!«

»Die sind doch überall«, sagte Julia gleichgültig, als sie sich wieder hinlegte. »Sogar in der Küche bei uns im Wohnheim. In manchen Gegenden Londons wimmelt es geradezu. Wusstest du, dass sie Kinder anfallen? Doch, das tun sie. In manchen Straßen dort kann eine Frau es nicht wagen, ihr Baby zwei Minuten allein zu lassen. Das sind die riesigen braunen. Und das Scheußliche ist, dass dieses Viehzeug immer – «

»*Red nicht weiter!*«, sagte Winston, der die Augen nun fest zudrückte.

»Liebster! Du bist ja ganz blass geworden! Was hast du? Wird dir davon übel?«

»Von allem Grauen auf der Welt – eine Ratte!«

Sie drückte sich an ihn und schlang alle Glieder um ihn, wie um ihn mit der Wärme ihres Körpers zu beruhigen. Er schlug die Augen nicht gleich wieder auf. Eine kurze Weile lang hatte er das Gefühl gehabt, wieder in dem Albtraum zu stecken, den er sein ganzes Leben hindurch von Zeit zu Zeit gehabt hatte und der immer weitgehend gleich ablief. Er stand vor einer dunklen Wand, und auf der anderen Seite war etwas Unerträgliches, etwas, was zu schrecklich war, um ihm ins Auge zu sehen. Sein tiefstes Gefühl in dem Traum war immer eines der Selbsttäuschung, weil er ja eigentlich wusste, was hinter dieser dunklen Wand war. Mit einer tödlichen Anstrengung, wie etwa ein Stück aus seinem Hirn zu reißen, hätte er das Ding sogar ins Freie zerren können. Und immer wachte er auf, ohne zu erfahren, was es war, aber irgendwie hing es mit dem zusammen, was Julia gesagt hatte, als er ihr das Wort abschnitt.

»Entschuldige«, sagte er. »Es ist nichts. Ich mag Ratten einfach nur nicht.«

»Keine Sorge, Liebster, dieses dreckige Viehzeug kommt hier nicht rein. Bevor wir gehen, verstopfe ich das Loch mit Sackleinen. Und beim nächsten Mal bring ich Gips mit und mach's richtig zu.«

Der düstere Panikmoment war schon halb vergessen. Ein wenig verlegen setzte er sich auf und lehnte sich ans Kopfende. Julia stand auf, zog ihren Overall an und machte Kaffee. Der Geruch, der aus dem Topf stieg, war so kräftig und erregend, dass sie das Fenster schlossen, damit ihn nicht draußen jemand bemerkte und neugierig wurde. Noch besser als der Geschmack des Kaffees war die seidige Struktur, die er von dem Zucker bekam, etwas, was Winston nach Jahren mit Saccharin beinahe vergessen hatte. Eine Hand in der Tasche und in der anderen eine Scheibe Marmeladenbrot, lief Julia im Zimmer umher, blickte beiläufig auf das Bücherregal, verwies auf die beste Art, den Klapptisch zu reparieren, ließ sich in den verlotterten Sessel fallen, um zu sehen, ob er bequem war, und untersuchte mit einer Art toleranter Belustigung die absurde Zwölf-Stunden-Uhr. Sie nahm den gläsernen Briefbeschwerer und ging damit zum Bett, um ihn dort in dem besseren Licht zu betrachten. Er nahm ihn ihr aus der Hand, wie stets fasziniert von der regenwässrigen Weichheit des Glases.

»Was meinst du, was das ist?«, sagte Julia.

»Ich glaube, es ist gar nichts richtig – also, ich glaube nicht, dass es je einem bestimmten Zweck gedient hat. Gerade das mag ich daran. Es ist ein kleiner Brocken Geschichte, den sie zu ändern vergessen haben. Es wäre eine Botschaft von vor hundert Jahren, wenn man wüsste, wie man es liest.«

»Und das Bild da –«, sie nickte zu dem Stich an der Wand gegenüber hin, »ist das vielleicht auch hundert Jahre alt?«

»Älter. Zweihundert, würde ich sagen. Genau weiß man's nicht. Heutzutage ist es ja unmöglich, das Alter von etwas festzustellen.«

Sie ging hin, um sich das Bild anzusehen. »Da hat das Vieh die Schnauze rausgesteckt«, sagte sie und trat gegen die Vertäfelung unmittelbar unterhalb des Bildes. »Was ist das? Irgendwo hab ich das schon mal gesehen.«

»Eine Kirche, jedenfalls war's mal eine. St. Clement Danes hieß sie.« Das Reimfragment, das ihm Mr Charrington beigebracht hatte, kam ihm wieder in den Sinn, und halb sentimental fügte er hinzu: »›Zimt und Piment‹, so läutet St. Clement!«

Zu seiner Verblüffung vollendete sie die Strophe:

»›Du schuldst mir drei Farthing‹, so läutet St. Martin,
›Und wann krieg ich sie?‹, so läutet Old Bailey –

Wie's danach weitergeht, weiß ich nicht mehr. Aber ich glaube, es endet so: ›Die Kerze hier, die führt dich zum Topf, das Hackebeil hier hackt ab dir den Kopf!‹«

Es war wie die zwei Hälften einer Losung. Aber nach »so läutet Old Bailey« musste noch eine Zeile kommen. Vielleicht ließ sie sich ja aus Mr Charringtons Gedächtnis ausgraben, falls ihm entsprechend auf die Sprünge geholfen wurde.

»Wer hat dir das beigebracht?«, sagte er.

»Mein Großvater. Er hat es mir immer vorgesagt, als ich ein kleines Mädchen war. Als ich acht war, haben sie ihn verdampft – jedenfalls ist er verschwunden. Was wohl Piment war«, setzte sie bezugslos hinzu. »Zimt hab ich schon mal gesehen. Das ist so ein braunes Pulver, schmeckt irgendwie würzig und süß.«

»Ich kann mich an Piment erinnern«, sagte Winston. »In den Fünfzigern gab's das manchmal. Das war so scharf, dass es einem das Gesicht verzogen hat.«

»Ich wette, hinter dem Bild sind Wanzen«, sagte Julia. »Irgendwann nehm ich's ab und putz es ordentlich. Jetzt wird's wohl allmählich Zeit zu gehen. Ich muss mir noch die Schminke abwaschen. So was Blödes! Danach mach ich dir den Lippenstift vom Gesicht.«

Winston blieb noch ein paar Minuten liegen. Im Zimmer wurde es allmählich dunkel. Er drehte sich zur Lampe und schaute in den gläsernen Briefbeschwerer. Das unerschöpflich Interessante daran war nicht das Stückchen Koralle darin, sondern das Innere des Glases selbst. Es hatte eine solche Tiefe und war doch fast so durchscheinend wie Luft. Es war, als wäre die Glasoberfläche das Himmelsgewölbe, das eine winzige Welt mit ihrer vollständigen Atmosphäre umschloss. Er hatte das Gefühl, hineinzukönnen und dass er sogar richtig drin war, mitsamt dem Mahagonibett und dem Klapptisch und der Uhr und dem Stahlstich und dem Briefbeschwerer selbst. Der Briefbeschwerer war der Raum, in dem er sich befand, und die Koralle war Julias Leben und seines, im Innern des Kristalls in eine Art Ewigkeit gebannt.

Tee oder Kaffee

Tee oder Kaffee?« fragte die Dame des Hauses.
Ich mag das eine wie das andere, und hier befahlen sie mir auszuwählen. Das hieß, sie geizten entweder mit Kaffee oder mit Tee.

Ich bin gut erzogen, also ließ ich mir nicht anmerken, daß ich einen derartigen Geiz verabscheue. Ich war gerade mitten im Gespräch mit dem Professor, meinem Tischnachbarn, den ich von der Überlegenheit des Idealismus dem Materialismus gegenüber überzeugte, und tat so, als hätte ich die Frage nicht gehört.

»Tee«, sagte der Professor, ohne zu zögern. Natürlich, dieses Mistvieh war ein Materialist und drängelte sich gleich an den Freßtrog.

»Und Sie?« wandte sie sich an mich.

»Entschuldigung, ich muß mal raus.«

Ich legte die Serviette hin und ging zur Toilette. Ich mußte überhaupt nicht, aber ich wollte überlegen und Zeit gewinnen.

Wenn ich mich für Kaffee entscheide, dann verliere ich den Tee und umgekehrt. Wenn die Menschen frei und gleich geboren werden, dann sind es Kaffee und Tee auch. Wenn ich Tee nehme, dann fühlt sich der Kaffee zurückgesetzt und umgekehrt. Eine solche Verletzung des Naturgesetzes des Kaffees, oder auch des Tees, widersprach meinem Gerechtigkeitsgefühl als der übergeordneten Kategorie.

Ich konnte aber nicht endlos in der Toilette sitzen, sei es auch nur deshalb, weil das nicht die reine Idee einer Toilette war, sondern eine allgemeine Toilette, beziehungsweise eine gewöhnliche Toilette mit Kacheln. Als ich ins Eßzimmer zurückkam, tranken bereits alle entweder Tee oder Kaffee. Mich hatte man ganz offensichtlich vergessen.

Das traf mich tief. Keinerlei Aufmerksamkeit, keinerlei Toleranz für das Individuum. Nichts kann ich so wenig leiden wie eine seelenlose Gesellschaft; ich lief also in die Küche, um die Menschenrechte einzufordern. Als ich auf dem Tisch einen Samowar mit Tee sowie eine Kaffeemaschine sah, erinnerte ich mich, daß ich das ursprüngliche Dilemma noch nicht gelöst hatte: Tee oder Kaffee, oder auch Kaffee oder Tee. Natürlich sollte man das eine oder das andere fordern, statt dem Kompromiß einer Wahl zuzustimmen. Ich bin aber nicht nur gut erzogen, sondern auch sehr zartfühlender Natur. Also sagte ich höflich zur Dame des Hauses, die in der Küche herumwirtschaftete: »Bitte halb und halb.«

Dann schrie ich: »Und ein Bier!«

TERESA PRÄAUER
Das Glück ist eine Bohne

Von einem langjährigen Freund habe ich vor Kurzem eine dunkelbraun-schwarze Bohne geschenkt bekommen, die er aus seiner Hosentasche gekramt hat und mir mit den Worten überreichte: Das ist eine Glücksbohne. Dabei lächelte er verschmitzt und ein bisschen so, wie man es von Menschen kennt, denen der Schalk im Nacken sitzt. Mehr noch aber war das Geschenk wirklich liebevoll und aufmunternd gemeint, der Freund hatte von einem Kummer erfahren, der mich plagte, und die Glücksbohne sollte ich also nun an seiner statt in die Hosentasche stecken und bei mir führen, bis mir das Glück wieder hold sein würde. Ich steckte die Bohne ins Münzfach meiner Geldtasche, die ich seltener wechsle als meine Hosen, und trug die Bohne, wie mir geheißen, ab diesem Tag nun bei mir.

Erst nach ein paar Tagen ist mir aufgefallen, wieso mein Freund so gegrinst hatte beim Überreichen der Bohne, die er am Strand gefunden hatte: Sie war nämlich aus Stein. Ein dunkles, mattes, abgerundetes Steinchen in der Form einer Bohne. Wie witzig die Natur oft sein kann mit ihren nebensächlichen Scherzen über die Ähnlichkeit der Dinge, dachte ich. Und ich musste nun grinsen, dass mir das nicht sofort beim Entgegennehmen, auch am Gewicht, aufgefallen war. Die Bohne war ein Stein.

In den folgenden Tagen setzte ich die steinerne Bohne scherzhaft da wie dort ein. Am Postschalter hatte ich Porto zu bezahlen und öffnete das Münzfach, um dem Postangestellten die Bohne anzubieten statt der Münzen. Natürlich wollte ich die Bohne nicht loswerden, eher war sie ein Anlass zur Plauderei, also auch eine Art von Währung. Ich bekam bei jedem neuen Versuch, die Bohne für etwas einzusetzen, ein Lächeln, eine Frage, ein Gespräch über Steine, Bohnen und Münzen als Gegenwert geboten. Ich habe sie nicht eingetauscht, niemals. Aber hat die Glücksbohne mir denn auch Glück gebracht?

Überraschend brachte sie bald tatsächlich, was man sich wünscht für ein gutes Jahr: Konzertbesuche, Abendessen mit Freunden, Kaffee, Gespräche, Arbeitspausen. Nachmittage in der Bibliothek, lange Spaziergänge. Angebote, Begegnungen, Liebe gar. Sobald sich das Glück bei mir sattsam eingerichtet haben wird, schrieb ich noch Mitte Februar, werde ich die Bohne auch weiterreichen müssen. Schon wurde ich übermütig und großzügig mit meiner Glücksbohne!

Dann aber kam diese ganze leidige Sache mit dem Virus, plötzlich war alles, was gerade noch so schön gewesen war, verboten, und ich sagte mir, ich behalte die Bohne besser doch noch ein wenig bei mir in der Tasche. Sicher ist sicher. Was noch übrig geblieben war auf meiner Liste vom möglichen Glück, waren die langen Spaziergänge. Ich habe dabei, aus Mangel an Attraktionen, regelmäßig die Anzahl meiner Schritte gemessen. Pro Tag waren das oft zehntausend. Das sind in etwa acht Kilometer durch die Stadt, von einem ruhigen Bezirk zum nächsten, von einem stillen

Platz zum nächsten, von einer leeren Straße zur nächsten. Wenn man weit genug geht, dachte ich dann, kommt man irgendwann an den Strand. Und dort einmal angekommen, muss man gar nicht mehr knausrig sein. Denn die Glücks- bohnen liegen ja wie Steine am Ufer, man muss sie nur fin- den und sie in die eigene Hosentasche stecken.

JAN BRANDT
Nicht die Bohne

Das Haar sorgfältig gescheitelt, den schmächtigen Körper in einen schwarzen Anzug gehüllt, das Buch der Bücher neben sich auf dem Tisch, so saß Otto Waalkes Mitte der siebziger Jahre vor der Kamera und sprach in seiner Fernsehshow »Das Wort zum Montag«: »Meine Damen und Herren, ... als ich neulich in meiner Musikbox blätterte, da stieß ich auf folgende kleine Zeile: ›Theo, wir fahr'n nach Lodz‹. Nun, was wollen uns diese Worte sagen? Da ist von einem Menschen die Rede. Von einem ganz bestimmten Menschen. Nicht Herbert, nicht Franz, nicht Willy, nein, Theo ist gemeint! Aber um welchen Theo handelt es sich? Ist es nicht auch jener Theo in uns allen, der in so wunderbaren Worten vorkommt wie Theologie, Theodorant, Tee oder Kaffee?«

In den Sketchen und Scherzen der Narren stecken häufig tiefe Wahrheiten. Sie legen, weil sie seit jeher den Schalk im Nacken und die Freiheit auf ihrer Seite haben, die Sehnsüchte und Seelen der Menschen bloß. Und so hat der berühmteste Ostfriese, der berühmteste Narr Deutschlands, mit »Tee oder Kaffee?« – über einen gewagten, nicht leicht nachzuvollziehenden Umweg – eine Frage aufgeworfen, die in Zeiten der Globalisierung für jeden Teetrinker, der in teefeindlichen Regionen ein Café betritt, immer wieder zu einer Schicksalsfrage wird. Insbesondere, wenn es sich dabei um eine Filiale einer weltweit agierenden Caféhauskette handelt und die in Klarsichtfolien eingeschweißten oder an der Wand hinter dem Tresen angebrachten Karten unter der Rubrik »Heiße Getränke« im Extremfall folgendes Angebot ausweisen:

»Cappuccino,
Latte Macchiato,
Caffè Latte,
Caffè Americano,
Caffè Mocha,
White Chocolate Mocha,
Espresso,
Espresso Macchiato,
Espresso Con Panna,
Espresso Ristretto,
Espresso Lungo,
Espresso Corretto,
Milchkaffe Jumbo,
Milchkaffee mit doppeltem Espresso,
Einspänner,
Entkoffeinierter Kaffee,
Entkoffeinierter Milchkaffee,
Entkoffeinierter Capuccino,
Milchkaffee mit Vanille-, Karamell-, Zimt-, Pina Colada-, Amaretto- oder Haselnussaroma,
Carajillo mit Brandy oder Anis,
Espresso Coretto mit 2 cl Grappa,
Irish Coffee mit Tullamore Dew und Sahne,
Kaffee französisch mit Cognac und Sahne,

Kaffee holländisch mit Eierlikör und Sahne,
Kaffee mexikanisch (halb Kaffee, halb Schokolade),
Kaffee-Alternativen:
Heiße Milch,
Heiße Schokolade,
Heiße Zitrone,
Schwarzer Tee.«

Eine solche Karte entspricht der Statistik. In Deutschland werden pro Kopf und Jahr durchschnittlich 6,9 Kilo Kaffee getrunken – und 250 Gramm Tee. Nur ein von unbeugsamen Friesen bewohntes Gebiet hört nicht auf, den Kaffeetrinkern erbitterten Widerstand zu leisten: In der Region zwischen Jade und Ems ist der Teeverbrauch zehnmal höher als im Rest der Republik, bedingt durch das weiche, kalkarme Wasser, das widrige, raue Klima, bittere Armut, frühe Handelsbeziehungen zu Indien und China – und die Sturheit der Bevölkerung.

Der Schwarze Tee, den die »Außerfriesischen« in den ihnen fremden Gegenden notgedrungen bestellen müssen, wollen sie keinen Kaffee trinken, hat mit dem Schwarzen Tee aus Assam, mit der patentierten echten Ostfriesenmischung, mit der Ostfriesen in Ostfriesland aufwachsen, oft nur den Namen gemein. Meist hängt ein billiger, aus den Blattfasern der Bananenstaude hergestellter Beutel oder ein mit Teeblättern voll gestopftes Teeei in einem viel zu kleinen Glas mit lauwarmem Wasser, während ringsum von den mit leuchtendem Milchschaum bedeckten Tassen, Schalen und Gläsern ein kräftiger, die Sinne betörender Duft aufsteigt.

Im beruflichen und privaten Kosmos das gleiche Bild:

In Kantinen, Konferenzräumen und Küchen stehen – prominent positioniert – dampfend, zischend Kaffee- und Espressokannen, glänzende Siebträger- oder Handhebelgeräte, raumgreifende Vollautomaten für hohe Benutzerfrequenz, sofort betriebsbereite Heißgetränkesysteme aus Edelstahl oder Elfenbein im sportlichen Porsche-Design. Wenn es überhaupt Tee gibt, dann handelt es sich um mit Bergamotteöl fermentierten Earl Grey, ayurvitalische Esoteriktantrayogatees, die »Erkenne deine Kraft«, »Innere Gelassenheit« und »Seelenharmonie« heißen; parfümierte Kräutertees mit nicht ganz jugendfreien Nachtprogrammtiteln wie »Hüttentraum«, »Heiße Liebe« und »Pure Lust« oder Gesundheitstees, die Magen, Darm, Herz und Hirn schonen. Vielleicht gibt es in einigen gut sortierten, feministisch geschulten Studentinnen-WGs sogar ein umfangreiches Teesortiment mit dem Besten aus Apfel, Feige, Dattel, Ginkgo, Zitronengras, Zitronenverbenenkraut, Süßholz, Jasmin, Fenchel, Melisse, Kümmel und Kamille; alles Ingredienzien, die aufs Engste mit Übelkeit und Erbrechen, Räucherstäbchen, violetten Batiktüchern und selbst gestrickten, neonfarbenen Stulpen verknüpft sind oder böse Lebertrankindheitstraumata heraufbeschwören.

Was, um Waalkes willen, wollen uns all diese Worte sagen?

Caféhausketten sind mächtige, den Erdball mehr und mehr umklammernde Kraken?

Teestuben Relikte einer unwiederbringlichen Zeit?

Schwarzteetrinker eine vom Aussterben bedrohte Minderheit?

Kaffeetrinker die alte und neue Mitte?

Vielleicht.

Auf jeden Fall sind Schwarztee- und Kaffeetrinker zwei, die nicht miteinander können. Sie verkörpern grundsätzlich gegensätzliche Kräfte: das apollinische und das dionysische Prinzip.

Das Ruhige, Besinnliche, Meditative.

Und das Flüchtige, Berauschende, Ekstatische.

Kaffeetrinker sind auf Leistungsmaximierung getrimmte Kapitalisten, ehrgeizig, nervös, immer auf dem Sprung. Sie leiden unter Schlaflosigkeit, Herzrasen und Gedankenflucht. Sie haben kein Zeitgefühl, dafür schlechte Zähne, schlechte Haut und zu allem eine Meinung.

Kaffeetrinker lassen sich gerne bedienen, am liebsten von Maschinen; zur Not auch von Menschen, die aussehen, als könne man sie noch zu was anderem gebrauchen. Ihnen ist es egal, wie die aufgebrühte braune Suppe, die sie mehrmals täglich aus Suppenschüsseln, Papp- oder Plastikbechern schlürfen, heißt, weil sie die feinen Unterschiede der ständig wachsenden Produktpalette ohnehin nicht mehr erkennen können. Sie verfügen wie viele Drogensüchtige über ein ausgeprägtes Kurzzeitgedächtnis, vor allem, wenn das Koffein gerade ihren Kopf kitzelt. Dann sind sie geistreich, schlagfertig, unterhaltsam. Am nächsten Tag aber haben sie alles wieder vergessen.

Teetrinker dagegen sind ewig gestrige Romantiker, wortkarge, weltabgewandte Weicheier, alles wieder und wieder durchdenkende und überprüfende Gesundheitsfanatiker, Scholastiker, Gnostiker, Elegiker, humorlose Asketen, die strengen Regeln und Bräuchen folgen, nichts vertragen, nichts dem Zufall überlassen und sich – wie ihre esskulturelle Entsprechung, die Vegetarier – stets ausgegrenzt und missverstanden fühlen.

Anders gesagt: Blätter und Bohnen passen nicht zusammen.

Der Kaffee, einer Legende nach aus der äthiopischen Provinz Kaffa stammend und ebenso wie der Tee im 17. Jahrhundert in Europa eingeführt, ist dem arabischen Namen nach ein »anregendes Getränk«, das den Geist schärft und das Sprachzentrum stimuliert. Er funktioniert wie ein Aufputschmittel, weil die in den Kaffeekirschkernen enthaltenen Röststoffe dafür sorgen, dass das Koffein sofort fast vollständig, gleichsam schockartig, vom Körper aufgenommen wird.

»Der Kaffee macht nüchtern, aber er stürmt wie mit hundert Pferden dahin«, bemerkte der Wiener Korrespondent des »Berliner Tageblatts« Heinrich Eduard Jacob in seinem 1934 erschienenen Kultursachbuch »Sage und Siegeszug des Kaffees«. »Der Tee hat Stille, buddhistisches Schweigen.«

Der durch Welken, Rollen, Fermentieren aus dem Teestrauch (Camellia Sinensis) gewonnene Schwarztee ist ebenfalls reich an Koffein, was aber langsam und je nach Ziehzeit beruhigend oder belebend wirkt. Der größte und unbestreitbarste Vorzug von Schwarzem und Grünem Tee besteht jedoch darin, dass beide Fluoride, Catechine und Chlorophyll enthalten und somit nicht nur gut für die Zähne sind, sondern gleichzeitig Mundgeruch vermindern – was manchem Schüler ganz nebenbei ein anderes Kindheitstrauma, den Schrecken vor unter chronischer Halitose leidenden Lehrern, nehmen könnte.

Tee ist Tao, der Ursprung allen Seins, ein Tonikum,

Aphrodisiakum, Politikum. Ohne Tee hätten die Nazis womöglich den Zweiten Weltkrieg gewonnen, Neil Armstrong wäre nicht der erste Mann auf dem Mond gewesen und George W. Bush nicht der 43. Präsident der USA.

Ohne Tee hätte es nämlich die Vereinigten Staaten von Amerika nicht gegeben.

Die sogenannte »Boston Tea Party« begann damit, dass das Parlament in London der britischen Ostindien-Gesellschaft das Monopol einräumte, ihre Kolonien in der neuen Welt mit Tee zu beliefern – unter Umgehung der amerikanischen Importeure. Als am 16. Dezember 1773 drei Schiffe der East India Company in den Hafen von Boston einliefen, schlichen etwa sechzig, als Mohikaner verkleidete Männer an Bord, warfen 342 Kisten feinsten Bohea-Tees ins Meer, lösten dadurch den Unabhängigkeitskrieg – und am 4. Juli 1776 die Gründung der Vereinigten Staaten von Amerika aus. »Die Vernichtung des Tees ist eine so kühne, entschlossene, furchtlose und kompromisslose Tat«, schrieb der Kaffee trinkende zahnlose Präsident John Adams in sein Tagebuch, »und sie wird notwendigerweise so wichtige und dauerhafte Konsequenzen haben, dass ich sie als Epoche machendes Ereignis betrachten muss.« Er sollte recht behalten: Tee hat seitdem ein Imageproblem in den USA, und Kaffee avancierte dort zum Symbol für Freiheit, Demokratie – und eine uneingeschränkte, aggressiv expandierende Marktwirtschaft.

Zur gleichen Zeit wollte der schwedische König Gustav III. beweisen, dass Kaffee giftig sei. Er begnadigte zwei zum Tode verurteilte Häftlinge, ließ den einen in seiner Zelle fortan Kaffee, den anderen Tee trinken. Zwei Mediziner sollten das schnelle und doch qualvolle Siechtum des Kaffeetrinkers dokumentieren. Die Häftlinge tranken und tranken, erst Tage und Wochen, dann Monate und Jahre. Erst starb der eine Arzt, dann der andere. Dann die, die ihnen nachfolgten. Auch König Gustav III. erlebte das Ende des Experimentes nicht. Er wurde 1792 ermordet. Nichtsdestotrotz reichten die Wärter den beiden Gefängnisinsassen weiterhin Tee oder Kaffee. Bis der Teetrinker vor dem Kaffeetrinker starb. Im Alter von 83 Jahren. Der Kaffeetrinker wurde entlassen. Keiner weiß, wie alt er geworden ist.

Seitdem ist die Frage nach Tee oder Kaffee keine Frage von Leben oder Tod mehr, sondern eine der Ehre, der Haltung, des Geschmacks.

Tee muss und wird sich gegen Kaffee niemals durchsetzen. Tee braucht Zeit. Tee ist das Gegenteil von »to go«. »Die Teestunde hat mehr als sechzig Minuten. Sie scheint überhaupt nicht metronomisch begrenzt«, erkannte der Hannoveraner Dichter Karl Krolow 1972, als er den nordwestlichsten Zipfel Niedersachsens bereiste und mit der ostfriesischen Teezeremonie vertraut gemacht wurde. »Man trinkt Tee in Ruhe. Man trinkt ihn gründlich. Geduld gehört dazu.«

Für die Teezubereitung gibt es keine Automaten, die einem die Arbeit abnehmen. Es gibt den immer gleichen »Treckpott« aus Porzellan, der vor dem Aufguss heiß ausgespült wird. Es gibt das Teegeschirr: die Servierkanne, das Stövchen, das Sieb, die Schaufel, den Kessel, das kochend heiße sprudelnde Wasser und – natürlich – den Tee selbst, bernsteingolden, mit leichtem, zartbittrem Rauchgeschmack, geschüttelt, nicht gerührt, gesüßt mit einem kristallförmigen, über den Tassenrand hinausragenden Kandis, umwölkt von einem Schuss süßer Sahne.

In Ostfriesland, diesem Wunderland, schrieb der mit Ernst Jünger befreundete Schriftsteller Gerhard Nebel 1964, müsse die vier Mal täglich zelebrierte »Mad Tea-Party« als »ein Bekenntnis zum Stamm« gedeutet werden, »als ein Kult, in dem der Stamm sich selbst feiert. Alles, was mit dem Tee zusammenhängt, besitzt Kleinod-Charakter.«

Ein Ritus? Ein Fetisch?

Vielleicht.

Aber kein Zen. Keine Philosophie. Keine Metaphysik.

Nur Tee. Viel Tee.

Das ist das ganze Geheimnis.

Der seltenste und teuerste Tee der Welt ist übrigens der aus China stammende Bai Hao Yinzhen. Er wird auch »Weiße Silbernadel« genannt, nach dem silbrigen, seiden-artigen Flaum, der die jungen, noch ungeöffneten Knospen umgibt. Die Sträucher dieses Tees gedeihen am besten in der Provinz Hunan, auf der inmitten des Dongting-Sees gelegenen Insel Junshan. Die Blätter werden nur an zwei Morgen im Jahr, in der Zeit zwischen dem 15. März und dem 10. April gepflückt und anschließend in goldenen Körben getrocknet. Der Legende nach wurde dieser unfermentierte Weiße Tee direkt an den kaiserlichen Hof geliefert, weil man ihm eine lebensverlängernde Wirkung nachsagte.

Der seltenste und teuerste Kaffee der Welt ist der aus Indonesien stammende Kopi Luwak. Die Kaffeekirschen dieser besonderen Sorte wachsen zwar auch auf Bäumen, werden aber erst geerntet, nachdem sie den Darm des nachtaktiven Fleckenmusangs (Paradoxurus hermaphroditus) durchwandert haben. Die zu den Schleichkatzen gehörenden Tiere verdauen nur das rote Fruchtfleisch und scheiden die Kerne unversehrt und durch ihre Magenenzyme vollendet veredelt wieder aus. Diese natürliche Nassfermentation verleiht den Bohnen ein dunkles, muffiges und – dem britischen Komiker und Kopi-Luwak-Kenner John Cleese zufolge – »erdiges, modriges, mildes, sirupgleiches« Aroma, das Feinschmecker dazu verführt, 1000 Euro pro Kilo zu zahlen.

Was wollen uns diese Worte sagen?

Spitzentee ist silbern?

Spitzenkaffee scheiße?

Vielleicht.

»Oder vielleicht nicht«, wie Otto Waalkes in seinem »Wort zum Montag« orakelte. »Wer weiß.«

Schönes Wochenende.

Nachweis

Berzbach, Frank (* 1971, Köln)

Leben im Café ist eine Existenzform der Schönheit (Titel von den Herausgeberinnen). Auszug aus: ders., *Die Form der Schönheit.* Eichborn – Ein Imprint der Bastei Lübbe AG. Copyright © 2018 by Bastei Lübbe AG, Köln.

Blixen, Tania (1885, Rungsted, Dänemark – 1962, ebd.)

Die Farm am Ngong. Aus: dies., *Jenseits von Afrika.* Copyright © 2010, Manesse Verlag, Zürich, in der Penguin Random House Verlagsgruppe GmbH, München. Aus dem Dänischen von Gisela Perlet.

Brambach, Rainer (1917, Basel – 1983, ebd.)

Für sechs Tassen Kaffee. Aus der gleichnamigen Erzählsammlung. Copyright © 1972, Diogenes Verlag AG Zürich.

Brandt, Jan (* 1974, Leer, Ostfriesland)

Nicht die Bohne. Als Beitrag mit dem gleichen Titel erschienen in der Süddeutschen Zeitung, München, vom 30. September 2006. Copyright © 2006 by Jan Brandt.

Dörrie, Doris (* 1955, Hannover)

Blümchenkaffee. Aus: dies., *Die Welt auf dem Teller. Inspirationen aus der Küche.* Copyright © 2020, Diogenes Verlag AG Zürich.

Eco, Umberto (1932, Alessandria – 2016, Mailand)

Wie man die vermaledeite Kaffeekanne benutzt. Aus: ders., *Wie man mit einem Lachs verreist und andere nützliche Ratschläge.* Copyright © 1993 Carl Hanser Verlag GmbH & Co. KG, München. Aus dem Italienischen von Günter Memmert und Burkhart Kroeber.

Grill, Andrea (* 1975, Bad Ischl)

Kaffee. Aus: Monika Sommer, Heidemarie Uhl und Klaus Zeyringer (Hgg.): *100 x Österreich. Neue Essays aus Literatur und Wissenschaft.* Copyright © Haus der Geschichte Österreich, 2018.

Hemingway, Ernest (1899, Illinois – 1961, Idaho)

Ein sauberes, gut beleuchtetes Café. Aus: ders., *Schnee auf dem Kilimandscharo.* Copyright © 1950, 1977, 2015, Rowohlt Verlag GmbH, Hamburg. Aus dem Amerikanischen von Werner Schmitz.

Jägersberg, Otto (* 1942, Hiltrup, Westfalen)

Kampf mit der Kaffeemaschine (Titel von den Herausgeberinnen). Aus: ders., *Liebe auf den ersten Blick.* Prosa. Copyright © 2019, Diogenes Verlag AG Zürich.

Kafka, Franz (1883, Prag – 1924, Kierling, Österreich)

Schwarzer Kaffee (Titel von den Herausgeberinnen). Auszug aus: ders., *Amerika.* Erstmals erschienen im Kurt Wolff Verlag, München, 1927. Als Taschenbuch beim Diogenes Verlag, Zürich, 2008.

Kraus, Karl (1874, Jičín, Tschechien – 1936, Wien)

Deutscher Kaffee (Titel von den Herausgeberinnen). Aus: ders., *Sprüche und Widersprüche.* Erschienen im Suhrkamp Verlag, Frankfurt am Main, 1924.

Kuh, Anton (1980, Wien – 1941 New York)

Melange = Milch + Kaffee. Aus: ders., *Hans Nebbich im Glück. Feuilletons, Essays und Publizistik.* Erschienen als Taschenbuch beim Diogenes Verlag, Zürich, 1987.

Kupferberg, Shelly (* 1974, Tel Aviv)

Die Bar. Exklusivbeitrag für diese Anthologie. Abdruck mit freundlicher Genehmigung der Autorin. Copyright © 2022 Shelly Kupferberg.

Lappert, Simone (* 1985, Aarau)

Urlaub in der Espressotasse. Als Kolumne mit dem gleichen Titel erschienen in der Schweizer Illustrierten, Zürich, vom 31. Juli 2020, Nr. 31. Copyright © 2020 Simone Lappert.

Leon, Donna (* 1942, New Jersey)

Der perfekte Cappuccino. Aus: dies., *Ein Leben in Geschich-*

ten. Copyright © 2022, Diogenes Verlag AG Zürich. Aus dem Amerikanischen von Margaux de Weck und Christine Stemmermann.

Loetscher, Hugo (1929, Zürich – 2009, ebd.) und Vollenweider, Alice (1927, Zürich – 2011, ebd.)
Der siegreiche Espresso und Auszug aus *Forellen-Quartett.* Aus: dies., *Kulinaritäten. Ein Briefwechsel über die Kunst und die Kultur der Küche.* Copyright © 1991, 2013, Diogenes Verlag AG Zürich.

Markaris, Petros (* 1937, Istanbul)
Kaffee Frappé. Aus: ders., *Balkan Blues.* Geschichten. Copyright © 2005, 2007, Diogenes Verlag AG Zürich. Aus dem Neugriechischen von Michaela Prinzinger.

Mrożek, Sławomir (1930 Borzęcin bei Krakau – 2013, Nizza)
Tee oder Kaffee. Aus: ders., *Die Geheimnisse des Jenseits und andere Geschichten. Gesammelte Werke: Kurze Erzählungen 1986 – 1990.* Copyright © 1993, Diogenes Verlag AG Zürich. Aus dem Polnischen von Christa Vogel.

Orwell, George (1903, Motihari, Indien – 1950, London)
Echter Kaffee (Titel von den Herausgeberinnen). Auszug aus: ders., *1984.* Roman. Copyright der deutschsprachigen Ausgabe © Insel Verlag Berlin 2021. Aus dem Englischen von Eike Schönfeld.

Präauer, Teresa (* 1979, Linz)
Das Glück ist eine Bohne. Aus der gleichnamigen Erzählsammlung. Copyright © Wallstein Verlag, Göttingen 2021.

Ringelnatz, Joachim (1883, Wurzen – 1934, Berlin)
Wenn die Kaffeemaschine … Aus: ders., *Sämtliche Gedichte.* Erschienen als Taschenbuch beim Diogenes Verlag, Zürich, 2005.

Roth, Joseph (1894, Brody, Ukraine – 1939, Paris)
Reise in Kaffee. Erstmals veröffentlicht im Prager Tagblatt,

Jg. 48, Nr. 264 vom 11. November 1923. Erschienen in: ders., *Heimweh nach Prag.* Wallstein Verlag, Göttingen, 2012. Als Taschenbuch beim Diogenes Verlag, Zürich, 2015.

Schmitz, Hermann Harry (1880, Düsseldorf – 1913, Bad Münster am Stein)
Die vorzügliche Kaffeemaschine. Erschienen in: ders., *Buch der Katastrophen. Vierundzwanzig tragikomische Geschichten mit einem Vorwort von Otto Jägersberg.* Erschienen beim Diogenes Verlag, Zürich, 1966.

Schneider, Hansjörg (* 1938, Aarau)
Im Café und auf der Straße. Aus dem gleichnamigen Geschichtenband. Copyright © 2019, Diogenes Verlag AG Zürich.

Schnitzler, Arthur (1862, Wien – 1931, ebd.)
Erbschaft. Aus: ders., *Sterben.* Erschienen im Fischer Taschenbuch Verlag, Frankfurt am Main, 2000.

Suter, Martin (* 1948, Zürich)
Sprachlosigkeit am Kaffeeautomaten. Aus: ders., *Huber spannt aus und andere Geschichten aus der Business Class.* Copyright © 2005, 2006, Diogenes Verlag AG Zürich.

Symons, Julian (1912, London – 1994, Kent)
Kaffee für drei. Aus: ders., *Auf den Zahn gefühlt. Fünfzehn Detektivgeschichten mit Francis Quarles.* Reproduced with permission of Curtis Brown Ltd, London, on behalf of the Literary Estate of Julian Symons. Copyright © 1965 Julian Symons. Copyright der deutschsprachigen Ausgabe © 1979, Diogenes Verlag AG Zürich. Aus dem Englischen von Thomas Schlück.

Torberg, Friedrich (1908, Wien – 1979, ebd.)
Traktat über das Wiener Kaffeehaus. Aus: ders., *Die Tante Jolesch oder Der Untergang des Abendlandes in Anekdoten.* Mit freundlicher Genehmigung des Langen Müller Verlags GmbH. Copyright © 2013 by Langen Müller in der F. A. Herbig Verlagsbuchhandlung GmbH.

Tranströmer, Tomas (1931, Stockholm – 2015, ebd.)

Espresso. Aus: ders., *Sämtliche Gedichte*. Copyright © 1997 Carl Hanser Verlag GmbH & Co. KG, München. Aus dem Schwedischen von Hanns Grössel.

Unterweger, Andreas (* 1978, Graz)

Koffeinismus. Aus: ders., *Grungy Nuts*. Erzählungen. Copyright © Literaturverlag Droschl Graz – Wien 2018.

Volo, Fabio (* 1972, Calcinate, Italien)

Im Café zu Hause (Titel von den Herausgeberinnen). Auszug aus: ders., *Noch ein Tag und eine Nacht*. Copyright © 2007 Arnoldo Mondadori Editore S.p.A., Milano. © 2015 Mondadori Libri S.p.A., Milano. Copyright der deutschsprachigen Ausgabe © 2011, Diogenes Verlag AG Zürich. Aus dem Italienischen von Peter Klöss.

Zweig, Stefan (1881, Wien – 1942, Rio de Janeiro)

Balzacs fünfzigtausend Tassen (Titel von den Herausgeberinnen). Aus: ders., *Balzac*. Erschienen beim Berman-Fischer Verlag, Stockholm, 1946.

Tee
Geschichten zum Entspannen

Diogenes

Erzählungen
Ausgewählt von Kati Hertzsch
240 Seiten

Was gibt es Schöneres, als sich nach einem langen Tag mit einer dampfenden Tasse Tee und einem guten Buch auf dem Sofa niederzulassen, die beruhigende Wärme zu spüren und das feine Aroma zu genießen. Und so hat das heiße Getränk zu allen Zeiten Autor:innen zu wunderbaren Geschichten inspiriert: Der Ostfriese Jan Brandt entlarvt Tee- und Kaffeetrinker:innen, George Orwell gibt Tipps für den perfekt gebrühten Schwarztee, bei Dorothy Parker endet beim Tee eine Affäre, Doris Dörrie zelebriert mit uns eine japanische Teezeremonie, und Thomas Meyer reist eigens nach China, um einem ganz besonderen Tee auf die Spur zu kommen.

Erzählungen
Ausgewählt von Anna von Planta
288 Seiten

Unwiderstehlich wie Schokolade sind diese Geschichten. Allein schon das Wort zergeht zart-
schmelzend auf der Zunge. Die meisten Held:innen
dieser Geschichten versetzt die Schokolade in
den siebten Himmel, einige aber lassen sich von
den süßen Kreationen sogar zu dunklen Missetaten
verführen. Geschichten von Nino Haratischwili,
Helen Fielding, Haruki Murakami, Joanne Harris,
Agatha Christie, Laura Esquivel, Roald Dahl,
Friedrich Dürrenmatt u.v.a.
Mit einem Vorwort von Alex Capus sowie Ex-
klusivgeschichten von Thomas Meyer und Martin
Walker.

.

Erzählungen
Ausgewählt von Ursula Baumhauer
272 Seiten

»Ich hatte zwei Schalen Champagner getrunken,
und alles, was sich vor meinen Augen abspielte,
erschien mir tief bedeutsam und wesenhaft.«
F. Scott Fitzgerald

Inspirierend für die Schriftsteller:in, die im Kopf
eigene Welten entstehen lässt. Fatal für die, die
der Alkohol schließlich beherrscht. Heitere, ko-
mische, tragische, melancholische Geschichten
von großer Spannweite. Von Roald Dahl, Joseph
Roth, Hans Fallada, Benedict Wells, Amélie
Nothomb, Jakob Arjouni, Connie Palmen u.a.
Gefolgt von einem Plädoyer für die Nüchternheit.
Mit einer Exklusivgeschichte von Martin Walker.